S**HIRLEY** S**ALMON**

K**ARIN** S**CHUMACHER**

(Hrsg.):

S**YMPOSION** M**USIKALISCHE** L**EBENSHILFE**

D**IE** B**EDEUTUNG DES** O**RFF**-S**CHULWERKS FÜR** M**USIKTHERAPIE**, S**OZIAL**- **UND** I**NTEGRATIONSPÄDAGOGIK**

Die Deutsche Bibliothek – CIP - Einheitsaufnahme

Salmon, Shirley / Schumacher, Karin (Hrsg.)

Symposion Musikalische Lebenshilfe

ISBN 3-8311-1892-2

Herstellung: Books on Demand GmbH

Hamburg 2001

Umschlagdesign: Eric Lebeau

unter Verwendung eines Fotos der Amici Dance Company (Wolfgang Stange)
© Ian Welsby

Lektorat: Sabine Spring

Wilhelm Keller zum 80. Geburtstag

Foto: Anja Keglevic

Shirley Salmon, geboren 1953 in London, studierte Musik und Pädagogik an den Universitäten York und London sowie Klavier bei Susan Bradshaw, London.

Vor ihrer Übersiedlung nach Österreich 1977 war sie künstlerisch und pädagogisch in London tätig. Sie verfügt über langjährige Erfahrung mit Musik und Bewegung in verschiedenen heil- und sozialpädagogischen Einrichtungen, vor allem bei verhaltensauffälligen und hörgeschädigten Kindern und mit integrativen Gruppen. Seit 1984 unterrichtet sie u.a. am Orff Institut, Universität Mozarteum, Salzburg „Musik und Tanz in der Sozial- und Heilpädagogik" (Grundlagen, Didaktik und Praxis, Lehrübung), ein Schwerpunkt in der Studienrichtung Musik- und Bewegungserziehung, den sie mitaufgebaut hat und jetzt koordiniert.

Shirley Salmon ist Co-Leiterin von Sommerkursen am Orff-Institut, Salzburg, zusammen mit Ernst Wieblitz, Karin Schumacher und Peter Cubasch. Internationale Fortbildungstätigkeit.

Karin Schumacher, geboren 1950 in Graz, studierte in Wien Musiktherapie und elementare Musik- und Tanzerziehung am Orff-Institut in Salzburg.

Nach langjähriger Tätigkeit als Musiktherapeutin in einer psychiatrischen Klinik arbeitet sie seit 1984 in einem Schulhort für autistische Kinder. Im Jahr 2000 Approbation zur Kinder- und Jugendlichenpsychotherapeutin.

1984-1995 Einrichtung und Leitung des Studienganges Musiktherapie an der Hochschule der Künste Berlin. Hier hat sie seit 1995 einen Lehrstuhl für Musiktherapie inne und ist seit 1992 an ihrer ehemaligen Ausbildungsstätte, der Universität für Musik und darstellende Kunst in Wien, als Lehrbeauftragte tätig. 1998 promovierte Karin Schumacher zum Thema: "Musiktherapie und Säuglingsforschung" bei Prof. Hans-Helmut Decker-Voigt am Institut für Musiktherapie der Hochschule für Musik und Theater in Hamburg.

Über viele Jahrzehnte leitete sie zusammen mit Ernst Wieblitz, Peter Cubasch und Shirley Salmon die von Wilhelm Keller ins Leben gerufenen heilpädagogisch- therapeutisch orientierten Sommerkurse am Orff-Institut in Salzburg.

Vorwort

Gewinnung von Lebensfreude durch Musik
als eine Erfüllung unzerstörbarer Lebensliebe

so definiert Wilhelm Keller "Musikalische Lebenshilfe". Ihm ist diese Dokumentation gewidmet. Wihelm Keller hat die Ideen Carl Orffs für die Arbeit mit Menschen mit geistigen, körperlichen und mehrfachen Behinderungen angewandt und weiterentwickelt.

Die Autoren und Autorinnen dieser Dokumentation, viele haben Keller als Lehrer erlebt, haben nun wiederum seine Arbeit fortgeführt und haben seiner Bitte entsprochen: "Gelungenes nachzumachen, Misslungenes besser oder anders und das Versäumte und Veraltete neu zu machen". "Musikalische Lebenshilfe" muss an die Erfahrungen des Menschen anknüpfen, Rücksicht nehmen auf seine besondere Situation und seine entsprechenden Bedürfnisse. "Musik" passt sich hier dem Menschen an und nicht umgekehrt. Wie Musiker, Tänzer und Theaterspieler, Pädagogen und Therapeuten diese Vorstellungen umsetzen, wird hier beschrieben. Grundsätzliche Gedanken zum Menschenbild und Behinderungsbegriff, entwicklungspsychologische Grundlagen, die wichtige Frage eines geeigneten Musikinstrumentariums und gesundheitspolitische Fragen werden diskutiert. Ideen zur Weiterentwicklung der emotionalen und musischen Bildbarkeit und Behandlung von Menschen mit Behinderungen und Störungen, die vom üblichen pädagogischen Vorgehen nicht profitieren können, stehen im Mittelpunkt.

Diese Dokumentation wurde aus dem Symposion "Musikalische Lebenshilfe" entwickelt, das in der Zeit vom 20. bis 22. Oktober 2000 in München stattfand. Die Initiative zum Symposion geht auf Hermann Regner zurück, dem an dieser Stelle dafür gedankt sei.

Unser Dank für die finanzielle Unterstützung, die diese Dokumentation ermöglicht hat, richtet sich an die Carl-Orff-Stiftung sowie die Andreas-Tobias-Kind-Stiftung, Hamburg.

Shirley Salmon

Karin Schumacher

Inhaltsverzeichnis

"Behindert?!" "Aber dann kannst Du doch nicht musizieren?"

Zum Phänomen der ausschließlichen Leistungsvorstellung beim Musizieren aus der Sicht eines Psychoanalytikers

Klaus Oberborbeck

An dieser Stelle will ich als Psychoanalytiker und Absolvent des Orff-Instituts berichten, welchen Lernweg ich in der Integration meiner psychoanalytischen Arbeit und musischen Elementen aus dem Orff-Schulwerk gefunden habe. Ich möchte insbesondere durch eine Falldarstellung zeigen, wie ich analytische Standards mit spieltherapeutischen, musisch instrumentellen Elementen integriere.

Zu meiner Person: Ich bin, wie bereits erwähnt, Psychoanalytiker und in der Ausbildung von Kinder- und Jugendlichen-Psychotherapeuten und Psychoanalytikern tätig. So habe ich mit Formen von Behinderungen und Störungen aus dem Bereich von **seelischen Behinderungen** zu tun. Die Anwendung von Musiktherapie aber gehört nicht zu meinen Aufgaben.

Wo gibt es Berührungspunkte mit dem Aspekt 'Musik als Lebenshilfe'?

Hier muss ich wohl etwas persönlich werden. Meine Frau und ich haben drei Kinder und unter der fürsorglichen Zuwendung meiner Frau und der gesamtfamiliären Förderung haben alle drei Kinder eine solide musikalische Grundausbildung erhalten. Beide Töchter haben seit Jahren an dem Wettbewerb 'Jugend musiziert...' auf Bundesebene erfolgreich teilgenommen. Mit Bewunderung, aber auch mit Erschrecken sehe ich, welche Leistungen hier von diesen jungen Menschen verlangt werden, welche Fähigkeiten sich aber auch entwickelt haben.

Wenn ich mich jedoch zu Gelegenheiten wie Weihnachten u.a. mit meiner Frau hinsetze, und wir einfach aus Spaß zusammen musizieren, dann lachen unsere Kinder über unseren Leistungsstand.

Wenn in meinen Therapien Kinder und Jugendliche Instrumente benutzen, habe ich früher das Bedürfnis gehabt, leitend einzugreifen und bin dann sofort auf

Widerstand gestoßen. So habe ich einen anderen Weg zur Integration von Musik in meine Arbeit finden müssen. Aus diesem Verständnis sind die folgenden Gedanken erwachsen.

Ich habe immer wieder in unterschiedlichen Situationen bei meinen Kindern, aber letztlich auch bei mir selbst wahrgenommen, wie Leistungsdruck, innerer Leistungsanspruch das spontane Musizieren behindern können. So habe ich diese beobachtete einseitige Leistungstendenz in der Musik einfach einmal umgedreht und mich gefragt: Wie viel an Leistungsanforderungen kann ich und muss ich in meinen Therapien weglassen und kann dann dennoch bei Momenten, in denen z.B. Instrumente benutzt werden, von dem Erleben des gemeinsamen Musizierens sprechen? Muss ich nicht in meiner Arbeit mit Kindern und Jugendlichen auch dann, wenn Elemente des gemeinsamen Musizierens auftauchen, von ganz anderen Kriterien ausgehen als den Leistungsanforderungen, wie ich sie in der Anleitung meiner Kinder durch ihre Fachlehrer finde?

Der Leitgedanke bei meinen Grundvorstellungen ist der, dass ich in meiner analytischen Arbeit bei der Integration von musischen Elementen, von 'Musik als Lebenshilfe' einen anderen Weg einschlagen musste.

Jeder Mensch hat mehr oder weniger ausgeprägte Behinderungen, die es auszugleichen gilt, und jeder Mensch hat auch mehr oder weniger ausgeprägte Fähigkeiten, die es zu suchen und individuell zu fördern gilt, wobei der musikalischen Lebenshilfe eine besondere Bedeutung zukommt.

In meiner psychoanalytischen Ausbildung habe ich eine Haltung zu vertreten gelernt, mit Interesse die Möglichkeiten eines Menschen sehen zu wollen, um zu erfassen, wo etwas leicht fällt oder wo etwas schwer wird. Ich habe zu erfassen gelernt, bei jedem Menschen danach zu suchen, wie er sich selbst balanciert, welche Kräfte stützend und welche Verarbeitungen eher hinderlich oder sogar schädigend wirken.

In meinen Analysen geht es fast immer darum, die Eigenkräfte eines Menschen zu fördern, dem Menschen zu helfen, die Psychodynamik von unbewussten und bewussten Anteilen zu verstehen und in ein besseres, förderliches Gleichgewicht zu bringen.

Was ich hier beschrieben habe, habe ich weitgehend von einem Mann gelernt und persönlich erfahren: Wilhelm Keller. Auch wenn ich meine Profession, meine Legitimation für Psychoanalyse und Psychotherapie aus meiner Ausbildung nach meiner Salzburger Zeit erworben habe, so habe ich doch die entscheidende Grundeinstellung zu jeder Form von Behinderung und der Bedeutung von 'Musik als Lebenshilfe' durch die prägende menschliche Begegnung mit Wilhelm Keller aufgenommen.

Ich habe in Wilhelm Keller einen Menschen kennen gelernt, der bei gleichzeitiger hoher fachmusischer Begabung und Kenntnis sich die Lebensaufgabe gewählt hat, mit schwerbehinderten Menschen musikalisch zu arbeiten. Wilhelm Keller hat komponiert, hat ein Fachbuch über Tonsatz geschrieben, war jahrelang musikpädagogisch tätig, hat zahlreiche musikpädagogische Publikationen veröffentlicht usw. Für mich aber war entscheidend, dass dieser Mann in seiner Grundhaltung mir vermittelte, sich um die Förderung von Behinderten zu bemühen.

Als Student des Orff-Institutes habe ich immer wieder erstaunt die Bereitschaft von Wilhelm Keller gesehen, schwer geistig Behinderte in ihren einzelnen Fähigkeiten beim Musizieren, Tanzen und Theaterspielen zu erkennen und zu fördern. Dazu gehörte eine grundliebevolle Zuwendung zu dem einzelnen Menschen und ein unglaublich breites Fachrepertoire an Liedern, Fähigkeiten und Kenntnissen der Musikpädagogik, um stets ein treffendes Angebot für einen Schwerbehinderten zu machen.

Als mich Karin Schumacher ansprach, einen Beitrag für die Wilhelm Keller gewidmete Dokumentation zu schreiben, machte sie mich auf ein Ausbildungsproblem aufmerksam. Es sei schwer, in der Ausbildung begabte, interessierte Menschen zu finden, die eine breite fachmusikalisch-pädagogische Ausbildung absolvierten und sich dann für die Arbeit mit Behinderten engagierten. Dabei stünden sie vor dem Problem, dass eine umfangreiche musische wie pädagogische Ausbildung notwendig sei, die dann noch um Kenntnisse in vielen verschiedenen Bereichen der Störung, der Behinderung, der Therapie ergänzt und erweitert werden müsse, um den Ansprüchen einer Arbeit mit Behinderten gerecht zu werden.

Tatsächlich leiden viele Studierende darunter, so viele Fachkenntnisse und Fertigkeiten erlernt und geübt zu haben und dann beim täglichen Einsatz im Alltag die Abwertung zu erfahren: "Das ist ja Kinderei, mit Behinderten zu musizieren, das kann doch jeder halbwegs musisch Begabte und instrumental Geübte."

Zunächst zögerte ich, mich auf diesen Beitrag einzulassen. Sollte ich wirklich etwas von meinem Alltagstun berichten? Könnte ich etwas davon zeigen, wie ich musische Elemente in meiner Arbeit integriere? Beruflich hatte ich mich doch nach der Zeit in Salzburg zunächst der Sozialpädagogik, dem Unterricht an einer Fachhochschule zugewandt und dann meine Ausbildung als Psychoanalytiker begonnen.

Ich habe mich daher entschlossen, von einigen Positionen zu berichten, die mir in meiner praktischen Tätigkeit wichtig geworden sind. Ich habe den Eindruck, dass darin auch Elemente der Arbeit enthalten sind, wie ich sie im Orff-Schulwerk und insbesondere beim Einsatz von **'Musik als Lebenshilfe'** kennen gelernt habe. Vielleicht erkennen auch Sie aus der Schilderung meiner Erfahrungen Parallelen zu ihrer Arbeit.

Freie Improvisation und freie Assoziation

Eine der wesentlichen theoretischen wie auch praktischen Ideen im Orff-Ideengebäude ist die Bedeutung der 'freien Improvisation'. Improvisation ist der lebendige, variable Umgang mit Elementen der Musik, der Sprache, der Instrumente, der Bewegung. Ursprünglich hatte Orff auch die bildnerische Ebene einbeziehen wollen. Diese freie Gestaltung kann sehr unterschiedlichen Strukturgesetzen folgen. Improvisation heißt ja nicht, dass einfach wild und chaotisch die Bausteine, Elemente benutzt werden. Es zeigen sich beim Improvisieren sehr schnell Gesetze, denen die Improvisation folgt, nach denen sich die Gestalt einer Improvisation aufbaut. Improvisation ist jedoch schwer und macht vielen Erwachsenen große Schwierigkeiten.

Im Unterschied zu Erwachsenen finden es aber Kinder im Spiel gar nicht bedrohlich, den vielleicht ängstigenden Zustand der anfänglichen scheinbaren Gesetzlosigkeit beim Improvisieren zu erleben, sie genießen das sogar. Es gibt in uns z.B. beim Zuhören sehr schnell eine Wahrnehmung von Gestaltbildung und Gestaltungsstrukturierung, die wir vielleicht nicht sofort erfassen, die auch wegen der schweren Erkennbarkeit zunächst von Unwohlsein oder gar Angst überdeckt sein kann, die aber nach kurzer Zeit zur befriedigenden Regelhaftigkeit und Erfindungslust führt.

In meiner Arbeit habe ich gefunden, dass ich das Element von Improvisation in ganz unterschiedlichen Bereichen finden kann. Wir können auch feststellen, dass es sehr viele verschiedene Bereiche der Welterfassung und damit der Strukturierung gibt, womit auch verschiedenste Blickwinkel benannt werden können. Hier spielt also der Blickwinkel des jeweiligen Therapeuten, seine persönliche Position eine wesentliche Rolle.

Ich will einige Bereiche nennen, die ich unterscheiden möchte, wenn ich von der Anwendung von Improvisation sprechen will.

Improvisation auf unterschiedlichen Ebenen

Improvisation auf der psychisch-emotionalen Ebene
mit Offenheit zum Unbewussten
(freier Einfall, gleichschwebende Aufmerksamkeit),
z.B. in der Psychoanalyse, Psychotherapie.

Improvisation in der menschlichen Beziehung
(interaktioneller Aspekt)
in der dualen Beziehung, in der Gruppenbeziehung
Heilen an der Beziehung

Improvisation im Lernbereich mit pädagogischer Zielsetzung
Improvisation auf der musikalischen Ebene,
z.B. Improvisation mit Instrumenten,
Improvisation auf dem stimmlich-sprachlichen Bereich

Improvisation im übenden, kompensatorischen Bereich
mit dem Fokus von Ausgleich

Improvisation mit unterschiedlichen Settings
Improvisation als Szene

In der Anwendung dieses Schemas möchte ich jetzt die Verbindung zwischen der Improvisation im Orff-Modell und meiner Profession darstellen.

Als ich vom Orff-Institut kam und meine Ausbildung als Psychoanalytiker begann, stellte ich voller Erstaunen fest, dass in der Psychoanalyse ein wesentliches Element der psychoanalytischen Haltung die Offenheit für die freie Improvisation war. In der Psychoanalyse nennt man dies aber nicht die freie Improvisation, sondern den 'freien Einfall'.

Der Therapeut versucht, mit seinem Patienten der Grundregel zu folgen, sich den freien Einfällen zu überlassen und ohne Wertung, Beurteilung, Qualifizierung allen Richtungen der freien Einfälle zu folgen. Dabei spielen Gedanken, Gefühle, Phantasien, Körperempfindungen wie z.B. Körpereinfälle eine sehr zentrale Rolle, nicht allein die sprachlichen, rationalen, kognitiven Anteile.

Beim Kind zeigt sich die freie Improvisation, die Assoziation, der freie Einfall im Spiel. Der Patient wie der Therapeut begeben sich im Schutz der Therapiesituation in einen Zustand der Offenheit für alle Elemente, die hier auftauchen können. C.G. Jung nennt dies die Amplifikation, dass beiden damit eine Welt des Unbewussten und des Überganges zu bewussten Strukturen zugänglich wird. Moreno spricht von der 'Spielfähigkeit' des Menschen, in der sich sein Unbewusstes und seine ganze Kreativität zeigen. Die Psychoanalyse nennt dies eine 'gleichschwebende Haltung', in der diese Offenheit mit zunehmender Zeit in einer Behandlung erreicht werden kann. Wie schwer es ist, diese Offenheit zu erhalten, zeigen die vielen Störungen, die sich in jeder Therapie einstellen und die 'freie Improvisation' der Psychoanalyse zu verhindern trachten.

Nun könnte jemand sagen: "Ja, das ist eben Therapie und hat nichts mit der Improvisation im Bereich der Pädagogik oder im Bereich der Behinderung zu tun!"

Vielleicht ist es schwer, die Parallele sofort zu erkennen. Ich möchte Sie auch nur hinführen auf meine Verbindung zwischen Elementen der Improvisation, die ich im Orff-Modell kennen gelernt habe und meiner psychoanalytischen Spezialisierung. Mir kommt es nicht auf Vereinheitlichung an, sondern auf den Aspekt, dass der Therapeut / Pädagoge bei der Improvisation sich bewusst sein sollte, auf welcher Ebene, mit welchem Element der Lebenswelt gearbeitet wird und welches das Ziel ist. Wenn ich später meinen Fall schildere, dann hoffe ich, dass dabei meine Haltung zur Improvisation deutlich wird.

Therapie und Pädagogik als Interaktionssystem

Wir verstehen heute die Interaktion zwischen einem Therapeuten und seinem Patienten wie auch die zwischen einem Pädagogen und seinen Schülern als Interaktionssystem, auf dem beständig improvisiert werden kann.

Das bedeutet in der Arbeit des Therapeuten, dass das Geschehen niemals allein auf der Ebene von Ursache und Wirkung zu sehen ist, die Elemente nebeneinander stehen und auf einer linearen "wenn-dann-Beziehung" wirken. Das meint: der Unterricht z.B. eines Lehrers ist nicht allein dann gut, wenn er sich gut vorbereitet hat und der Schüler am Ende der Stunde das begriffen hat und wiederholen kann, was der Lehrer beabsichtigt. Diese 'wenn-dann-Beziehung' ist zu simpel.

Meine Realität in der Therapie ist, dass sich jeweils in meiner Begegnung mit einem Kind in der Stunde ein dynamischer interaktioneller Prozess entwickelt, in dem beide, das Kind wie auch ich unsere Anteile einbringen und ein kreativer, schöpferischer Prozess des Gemeinsamen entsteht. Es wird beständig mit der Beziehung improvisiert. Daher spricht auch die Psychoanalyse von einem 'Beziehungstanz'.

In der Psychoanalyse wird mit diesem Prozess von gemeinsamer Interaktion bewusst gearbeitet. Hier wird von Übertragung und Gegenübertragung im interaktiven Prozess gesprochen.

Der Therapeut, der mit Behinderten umgeht, kann diesen Interaktionsprozess und die Improvisation berücksichtigen. Dies geschieht in einem anderen Maße, auf einem anderen Niveau als in dem Setting der Pädagogik, aber dennoch sehe ich hier keinen prinzipiellen Unterschied.

Der Psychoanalytiker achtet mehr auf die unbewusste Psychodynamik zwischen Therapeut und Patient. Das kann der Pädagoge nicht, weil auch das Setting der Pädagogik und der Heilpädagogik eine solche Dynamikanalyse nur schwer zulässt. Dennoch geschehen auch in der Musiktherapie, in der Heilpädagogik Interaktionsprozesse, die besser verstanden werden können, wenn sich ein Pädagoge der Dynamik dieser Interaktion und damit auch des Einflusses seiner eigenen Person reflektierend bewusster wird und sich beständig fragt: Was ist mein Anteil an diesem Interaktionstanz?

Es zeigt sich, dass diese Reflexion sehr gut in Supervision und in Intervision z.B. in Balintgruppen oder Peergruppen geschehen kann.

Was hat dies alles nun mit meinem Bezug zum Aspekt Musik als Lebenshilfe zu tun?

Es zeigt sich, dass das Vorurteil, mit Behinderten zusammen musizieren zu können, ohne eine besondere Ausbildung und Kenntnisse zu haben, einfach falsch ist. Ja, gerade das Gegenteil ist der Fall. Ich möchte formulieren:

Je schwerer eine Störung, eine Behinderung eines Menschen ist, je weniger Flexibilität und Formbarkeit, emotionale Belastbarkeit vorliegen, um so mehr muss der Therapeut, der Heilpädagoge, der Musiktherapeut können, um so mehr ist seine Persönlichkeit ein Instrument der Interaktion, des gemeinsamen Prozesses, um so notwendiger ist seine instrumentale, musikpädagogische und auch fachtherapeutische Ausbildung.

Was macht nach meiner Erfahrung die Arbeit als Pädagoge, als Therapeut, als Heilpädagoge so schwer?

Der Narzissmus oder die Selbstliebe des Therapeuten

Ein wichtiger seelischer Bereich der Persönlichkeit von uns Menschen ist der Narzissmus oder die Selbstliebe. Zu der Entwicklung von Menschen gehört, dass sie eine ausgeglichene Balance in dem eigenen Bedürfnis nach Selbstliebe, an Selbstbewusstsein und Selbstkritik entwickeln konnten. Wir balancieren als erwachsene Menschen unsere Misserfolge und Erfolge, und, wenn es gut geht, können wir auch Belastungen, Schicksalsschläge, Enttäuschungen mit mehr oder weniger Hilfe ausgleichen. Dazu helfen uns die Erfolge im Alltag, die positiven Reaktionen unserer Mitmenschen mit Lob und Anerkennung, oft einfach schon durch Rückmeldung.

Hier nun hat der Pädagoge, der Musiktherapeut, der Psychoanalytiker ganz besondere Leistung der Balancierung zu erbringen. Kurz gesagt: Die Zielsetzung von Therapie macht es notwendig, dass der Therapeut in der Therapie nicht Selbstbestätigung für sich sucht, das Erfolgserleben nicht für sich einsetzt. Damit ist ein weitgehender Verzicht auf die eigene Selbstbestätigung im Therapieprozess wie auch durch den Patienten notwendig. Dies lässt sich auch für den Pädagogen anwenden. Das bedeutet nicht, dass z.B. der Pädagoge nicht stolz sein darf auf den Erfolg seiner Schüler, dass sich der Therapeut nicht befriedigt fühlen darf, wenn sein Patient sich entwickelt. Es heißt, dass nicht im Vordergrund stehen darf, auf den Erfolg hin zu arbeiten. Was erfolgreich ist, bestimmt nicht der Lehrer, der Therapeut. Es zeigt sich in der Interaktion und im emotional-geistigen wie persönlichen Wachstum, in Zufriedenheit und Persönlichkeitsentfaltung des Patienten, der sich zu Autonomie und Selbstbestimmung entwickelt.

Haltung zur Leistungsfähigkeit: Wir geben eigene Normen und Standards unbewusst weiter

Ein weiterer Anteil in unserer Arbeit ist die Auffassung, dass Leistungen und Leistungserfolge nicht das alleinige Ziel unserer Arbeit sein können. Die Einschätzung von Leistungsfähigkeit geht in unserer Gesellschaft weitgehend von dem Leistungsprinzip aus: "Survival of the fittest". Nur wer sich durchsetzen könne, habe eine Chance.

Dabei werden die Menschen schnell eingeschätzt und nach besonders hervorstechenden Fähigkeiten und hoher Leistungsfähigkeit bewertet. Dabei wird aber übersehen, dass es eine u.U. sehr hohe persönliche Leistung bedeutet, sich mit einer Behinderung, mit einer Belastung in unserer Gesellschaft zurechtzufinden.

In meiner Arbeit habe ich gelernt, sehr genau auf unbewusste Signale zu achten, aber auch kleine und kleinste Veränderungen im Prozess zu berücksichtigen. Zu schnell passiert es mir immer wieder, dass ich nicht darauf achte, welche Anteile und Fertigkeiten bei einem Kind in einer Situation angesprochen werden könnten.

Hier setzt also das subjektiv zu messende Erfolgserlebnis ein, das nicht durch von außen gesetzte Maßstäbe, durch Rekordmarken zu erzwingen ist. Wie wichtig ist es anzuerkennen, dass z.B. ein Spastiker einen einzelnen Triangelschlag an einer Stelle setzt und nicht zu lächeln, wenn die Formen von Takt und Rhythmus in einer Behindertengruppe auseinanderlaufen.

Sie alle kennen vielfach diese Erfahrungen, von den eigenen Leistungs- und Erfolgsvorstellungen zurücktreten zu müssen. Es ist die Begegnung mit den eigenen Normen, mit den nicht verwirklichten Lebenszielen und den eigenen Größenvorstellungen, der Begegnung mit dem eigenen Größenselbst.

Die Arbeit des Psychoanalytikers beginnt mit der Selbsterfahrung. Der Therapeut soll um die Anteile seiner Person wissen, die er emotional, rational, kurz, psychisch wie körperlich in die Begegnung mit anderen Menschen einbringt. Seine Person ist das Instrument seiner Arbeit, mit dem etwas wachsen kann, sich beim anderen Menschen Veränderungen vollziehen können.

Auch die Pädagogik, kurz die Erziehung von allen Menschen in Schule, in Familie, in unserer Gesellschaft kennt dieses Wachsen und Lernen an der Begegnung mit einem anderen Menschen. Wir sprechen von Vorbild, von Identifikation, von Modelllernen. So wesentlich unterschiedlich sind also die verschiedenen Bereiche nicht. In meiner praktischen Tätigkeit mache ich mir immer wieder bewusst, auf welcher Ebene der menschlichen Begegnung ich wirken und arbeiten will. In meinem Fallbeispiel werden sie Elemente finden, wo in der Begegnung mit mir als Person und der Identifikation Veränderungen erreicht worden sind.

Es geht also um die eigenen Normen und Standards. Die Psychoanalyse hat gezeigt, dass wir unbewusst aus der Fülle von Erfahrungen unseres eigenen Lebens die Erwartungen und Normen in die Interaktion mit anderen Menschen einbringen, die wir selbst erfahren und in der eigenen Auseinandersetzung zu einem wichtigen Anteil unseres Selbst gemacht haben. Ohne sich dessen bewusst zu werden, bringt also der Aufsteiger aus einer leistungsbezogenen Familie seine eigenen Leistungsnormen mit in den Kontakt mit anderen Menschen ein. Das heißt Folgendes:

Ich habe lange an der Universität in Berufspädagogik mit zukünftigen Lehrern von Berufsschulen gearbeitet, die meistens aus Familien stammten, in denen ein praktischer Beruf erlernt worden war. Nun wurde die Möglichkeit, eine akademische Ausbildung zum Berufsschullehrer daran anzuschließen, von den meisten Teilnehmern und deren Familien als Karrieresprung angesehen. Die Teilnehmer waren meistens sehr leistungsbewusst und bemüht, sich akademisch, oft gestelzt abstrakt auszudrücken. In meinen Seminaren war es deshalb sehr schwer, erlebnisbezogen, introspektiv zu arbeiten und dem momentanen Erleben viel Raum und sprachliche Gestaltung zu geben. Averbale Interaktion war ihnen meistens völlig fremd.

Diesen Teilnehmern wurde bei Diskussionen ihrer Lehrproben oft bescheinigt, dass sie bei Schülern mit Lernstörungen, mit Verhaltensauffälligkeiten wenig Verständnis für deren geringe Motivation für das Lernen aufbrachten. Wir mussten also sehr langsam die selbstverständlichen Normen von Ehrgeiz und Leistungsbezogenheit, die diese Studenten unbewusst in ihren Kontakt mit Schülern einbrachten, immer wieder erarbeiten und bewusst machen.

Was will ich mit diesem Beispiel sagen:

Ein Lehrer, der mit Musik als Lebenshilfe umgeht und seine eigenen Erfahrungen verwendet, bringt auch seine eigenen Leistungsnormen, seine Lernziele mit ein und findet sie wichtig.

Wir haben nur eine Möglichkeit, uns darüber Rechenschaft abzulegen und den anderen Menschen, den Schüler, unseren Patienten oder unseren Probanden nicht zu überfordern: indem wir versuchen, uns möglichst weitgehend in unser Gegenüber einzufühlen und empathisch zu sein.

Damit sind wir bei der wichtigen Fähigkeit des Menschen, der Empathie.

Die Bedeutung der Empathie für den Therapeuten

Die Psychoanalyse hat in den letzten Jahren eine Fähigkeit des Menschen und ihre besondere Bedeutung für die Entwicklung und damit auch für die Therapie schätzen gelernt: Die Bedeutung der Empathie. Nicht, dass erst jetzt diese Fähigkeit entdeckt worden wäre. Wir haben viele Beispiele der Dichtung, der Kunst, der Pädagogik, in der diese menschliche Fähigkeit, sich einzufühlen, beschrieben und gewertet worden ist.

Empathie ist ein interaktionelles Geschehen in einer zwei Personen Psychologie. Viele bedeutende Psychoanalytiker und Psychotherapeuten haben sich sehr früh mit der Empathie beschäftigt, so in der Psychoanalyse der Ungar Sandor Ferenczi, der Österreicher Otto Rank, der Österreicher Jacob Moreno im Psychodrama und der Amerikaner Carl Rogers in seiner Gesprächstherapie etc.

Diese Einfühlung bedeutet, dass an dem interaktionellen Geschehen, wie ich schon oben festgestellt habe, beide Personen mit jeweils ihrem Erleben und ihrem Unbewussten beteiligt sind. In der Psychoanalyse wird diese Beteiligung des Therapeuten mit seiner Selbstwahrnehmung sehr gezielt im Sinne des therapeutischen Prozesses benutzt. Aber auch in jeder pädagogischen Interaktion ist Empathie die Grundlage für ein gegenseitiges Verstehen. Die Wahrnehmung des Anderen mit Hilfe der Einfühlung bleibt immer eng verbunden mit der Selbstwahrnehmung.

Die Besonderheit der Entwicklung der letzten Jahre ist aber die, dass insbesondere bei der Erziehung der Kinder die Bedeutung der Einfühlung in die Eigenwelt der Kinder, also die Empathie, als zunehmend wichtig gewertet wird.

Das 20. Jahrhundert wurde auch das "Jahrhundert des Kindes" genannt. Das bedeutete, dass erst in diesem Jahrhundert die Bedeutung der Kindheit richtig entdeckt worden ist. Die Jugendbewegung hat in der Musikerziehung die Schöpferkraft des Kindes entdeckt. In der Wertung des kindlichen Spieles ist eine Welt entdeckt worden, die früher nicht gesehen wurde. Wie war das möglich, dass jahrhundertelang das Kind als nicht vollständiger Mensch angesehen und vielfach missbraucht wurde, über das nach Belieben verfügt wurde. Eltern waren die Besitzer der Kinder und konnten sie nach eigenem Gutdünken benutzen. Kindesmord war jahrhundertelang ein nicht bestraftes Tun. Prügelstrafe war bis in unser Jahrhundert ein nicht hinterfragtes Erziehungsmittel. Der Missbrauch von Kindern ist ein zentrales Problem auch noch unserer Tage.

Der Autor Lloyd de Mause hat in einem wichtigen Buch der letzten Jahre 'Hört ihr die Kinder weinen...' versucht zu erfassen, warum jahrhundertelang Kinder missbraucht wurden, und er fand, dass es die fehlende Erziehung zur Empathie war, ohne die Eltern ohne Bedenken und ohne Bewusstsein das weitergaben, was sie selbst in ihrer eigenen Kindheit erfahren hatten. "Mir hat Prügel auch nicht geschadet!"

Die Psychoanalytikerin Alice Miller hat in ihrem weit verbreiteten Buch: 'Am Anfang war Erziehung' an vielen Fallbeispielen die Auswirkungen von Erziehungsprinzipien unserer traditionellen Erziehung der letzten Jahrhunderte in der 'schwarzen Pädagogik' beschrieben und gezeigt, dass ohne Empathie, ohne eine **Erziehung zur Einfühlung** Eltern, Erzieher automatisch das weitergeben, was sie an sich selbst oft leidvoll erfahren und damit internalisiert haben. Wir geben das unbewusst weiter, was wir an Einstellungen und Handlungen in unserer Erziehung erfahren haben.

An dieser Stelle ziele ich wieder auf mein Thema. Ich habe einige Aspekte aus der Sicht meiner psychoanalytischen Arbeit dargestellt, die beim Umgang in der psychoanalytischen Therapie wichtig sind. Wenn in meiner Arbeit auch musische Elemente einbezogen werden, so werden bei der Reflexion z.B. des gemeinsamen Musizierens Prozesse von Beziehung, unbewusste Inszenierungen, Übertragung und Gegenübertragung reflektiert und insbesondere Aspekte der Persönlichkeit des Therapeuten berücksichtigt. Musikpädagogische Aspekte des Lernens und Übens spielen für mich dabei eine ganz geringe Rolle. Anteile des elementaren Musizierens fließen spielerisch mit ein. Eine Leistungseinstellung aus musikmethodischer Fähigkeitsüberprüfung ist, wie oben bereits ausgeführt, in meiner Arbeit nicht möglich.

In dem folgenden Beispiel aus meiner Tätigkeit fließen folgende Aspekte ein: Die Grundhaltung der freien Improvisation zeigt sich in der Offenheit für unbewusste Anteile im Spiel. Das Geschehen in der Stunde wird stets als interaktionelles Ergebnis der beteiligten Personen verstanden, in das auch die unbewussten Werte und Normen des Therapeuten mit einfließen. Die Belastung für die narzisstische Balancierung des Therapeuten wird an vielen Stellen ausdrücklich beschrieben. Immer wieder muss der empathische Zugang zum Verhalten des kleinen Jungen wiedergewonnen werden, der erst den Weg ebnet, um dessen individuelle Möglichkeiten, Behinderungen und Fähigkeiten zu erfassen. An dem Beispiel möchte ich zeigen, wie die Hinwendung auf einen Patienten und die empathische Einstellung auf ihn es erforderte, gestalterische, musische Elemente so zu reduzieren, dass sie dem momentanen Vermögen des Patienten entsprachen, ich aber dennoch nicht den Anspruch aufgeben wollte, gemeinsam musizieren zu können. Im Vordergrund steht immer die Notwendigkeit, das Geschehen aus der Sicht des Patienten zu sehen. Mir ist an diesem Beispiel aus meiner Praxis die Bedeutung von Musik als Lebenshilfe besonders plastisch geworden.

Das Beispiel des kleinen Peters (6 Jahre)

Ich schildere Ihnen jetzt die Entwicklung des kleinen Peters, dessen psychoanalytische Therapie ich über mehrere Jahre durchgeführt habe und dessen individueller Entwicklungsgang sich durch den Aufbau einseitiger musikantischer Fertigkeiten und deren Nutzung ausdrückte.

Dieses Beispiel hat mir gezeigt, wie Musik hier als Lebenshilfe gewirkt hat. Ich bin überzeugt, dass nur das Angebot zur Nachahmung, Identifikation und Introjektion und die damit angeregte Entwicklung von spezifischen emotionalen Inhalten es Peter möglich machte, die Belastungen, die er ertragen musste, zu bewältigen. Die individuellen Bewältigungsmöglichkeiten, die Peter entwickeln konnte, waren nicht vorstellbar ohne seine intensive Verbindung zum Medium Ton, Klang, Musik und Sprache und den spezifischen Angeboten, die ihm in seiner frühen Entwicklung gemacht wurden.

Peter war der erste Sohn eines Ehepaares (Mitte 30), das sich auf seine Geburt sehr gefreut hatte, da lange Kinderwunsch bestand. Noch während der Schwangerschaft entschlossen sich die Eltern, ihr kleines Haus umzubauen und zu erweitern.

Da die Eltern wenige finanzielle Mittel zur Verfügung hatten, zog sich der Umbau des Hauses entsprechend lange hin. Während der Arbeiten, ganz besonders an den Wochenenden, wurde der kleine Peter in seinem Wagen und später in seinem Ställchen möglichst weit ab in einer Dachkammer abgestellt. Solange Peter als Säugling und Kleinkind noch viele Stunden schlief, war dies offenbar kein Problem. Die Eltern jedenfalls fanden niemals etwas dabei, den Jungen stundenlang allein zu lassen und hatten auch vor der Therapie kein Problembewusstsein. Als Peter sich häufiger meldete, oft stundenlang schrie, stellten die Eltern ihm zur Anregung ein Radio und später einen Plattenspieler ins Zimmer, die er sehr schnell zu bedienen lernte. 'Er mochte Musik gern und hörte sofort auf zu weinen', sagten die Eltern.

Der Vater besaß eine Plattensammlung alter Schelllackplatten, die er dem kleinen Peter zur Verfügung stellte und deren Zustand, z.B. Kratzer durch die grobe Bedienung des Kleinkindes, ihn nicht sonderlich interessierte. So lernte Peter, als zwei- und dreijähriges Kleinkind das Radio zu bedienen, sich Schallplatten aufzulegen und sich so durch Musikberieselung das Alleinsein und die Einsamkeit erträglicher zu machen.

Der Kleine spielte nun die vielen Schallplatten mit Volks- und Tanzmusik stundenlang ab, während die Eltern im Haus arbeiteten. Wann immer sie den Kopf kurzzeitig durch die Tür steckten, sahen sie den Kleinen mit den Platten beschäftigt. So waren sie beruhigt. Bekannte Schlager der 40er und 50er Jahre bildeten nun das tägliche Klangrepertoire für Peter. Radetzkymarsch, Heinzelmännchens Wachparade, Petersburger Schlittenfahrt, Preußens Gloria, Schlager wie "Wenn auf Capri die helle Sonne...", "mir san die lustigen Holzhacker Buam", "Mariand'l" usw. waren schließlich das Repertoire von Peter, das er von Text und Melodie sowie den Begleitstimmen her vollkommen beherrschte. Daneben gab es Gedichtplatten, Kabarettplatten z.B. von Heinz Erhard, Eugen Roth, Mitschnitte von Unterhaltungssendungen von Entertainern der 50er Jahre wie Peter Kuhlenkampf u.a., deren Texte Peter vollkommen auswendig beherrschte.

Zunächst verlief die Entwicklung von Peter für die Eltern unauffällig. Er lernte verspätet sitzen und laufen, erste Schritte erst mit 18 Monaten. Neben Desinteresse an der Umwelt zeigte sich eine merkwürdige Abgeschlossenheit, Unbezogenheit, die ihn oft als unerreichbar erscheinen ließ. Weiter auffällig waren starke Unruhe, ständig rhythmische stereotype Bewegungen, Hin- und Herschaukeln. Zwar sprach Peter, aber sein Wortschatz war auffällig unkindlich, bestand oft nur aus Einwortsätzen oder aus Phrasen aus dem Schallplattenrepertoire, die im Mund des Drei- und Vierjährigen unpassend und unkindlich anmuteten. Er sei langsam und manchmal 'begriffsstutzig' gewesen. Den Eltern fiel das nicht weiter auf, mussten sie selbst und die Verwandten doch mehr über die 'altklug' erscheinende 'Phrasendrescherei', über die Bemerkungen aus Witzpointen der Schallplatten recht herzlich lachen. Der Vater war im Grunde stolz darauf, was er für einen 'witzigen' Jungen hatte.

Erst als die Eltern merkten, dass Peter Ängste hatte, aus dem Haus zu gehen, bei der Unterbringung im Kindergarten den Besuch verweigerte, sich dort in die Ecke setzte und keinerlei Kontakt mit den anderen Kindern aufnahm, auch während des nachfolgenden Kindergartenbesuches stets als auffällig geschildert wurde, erst als er zunehmend Zwänge entwickelte, auch im Haus Aufstehen, Zubettgehen, Waschen, Spielen etc. nur in festgelegten, einengenden Ritualen absolvieren wollte, erst als Peter bei der Einschulungsuntersuchung als nicht schulreif eingestuft wurde, da wandten sie sich auf Anraten der Kindergärtnerin ratlos an unser Institut, wo ich Peter im Alter von sechs Jahren kennen lernte.

In der tiefenpsychologischen Untersuchung, der Test- und Spielsituation, zeigte Peter deutlich einen körperlich-seelisch-geistigen Entwicklungsrückstand, ausgeprägte Ängste, sprachlich eingeschränkte Möglichkeiten, allgemeine Unruhe der Motorik, Bewegungsstereotypien, nächtliches Aufschreien, Verweigerung von sozialen Kontakten, Ablehnung von Spielkontakten zu Gleichaltrigen. Im Kontakt mit den Eltern verweigerte er immer wieder Anregungen, 'hörte nicht', schien nicht erreichbar, saß in der Ecke, passiv, lustlos. Auch mit dem Untersucher war er nicht bereit, sich auf Spielangebote einzulassen. Die Eltern schilderten ihn zudem leicht kränkbar mit durchbruchartiger plötzlicher Wut mit Schreianfällen.

Auffällig war in der Untersuchungssituation, dass sich Peter, wenn er sich unbeobachtet fühlte, hinsetzte und mit angebotenem Spielmaterial aus Klötzen und Steckspielen einen Schallplattenapparat baute. Er ließ es zu, dass sich der Therapeut zu ihm setzte und begann, sein Repertoire an Spielstücken und Liedern sowie Gedichten und Reklameversen abzuspulen.

Das gesamte szenische Bild vermittelte den Eindruck, dass sich Peter als Schallplattenapparat fühlte, dass er mit erstaunlicher Perfektion seine Schallplatten 'abspielen' konnte und sich anschließend selbst Beifall klatschte. Um einen Eindruck von diesen verblüffenden Fähigkeiten zu vermitteln, muss man sich vorstellen, dass Peter einerseits den Text und die Melodie eines Schlagers vollkommen in Ausdruck und Gestaltung repetierte, so als wäre er der Interpret des Schlagers. Alle Nuancen des Ausdrucks, Schluchzen, Schleifen der Übergänge, alle melodischen Ausdrucksmerkmale des Sängers wurden nachgeahmt. Gleichzeitig füllte er Pausen und Lücken im Text mit Teilen der Begleitinstrumentierung aus, ohne Rücksicht auf innere Zusammenhänge oder Melodienführung, als hätte man ein großes Orchesterwerk in einer Partitur und Melodie, Text, Begleitung aller Instrumente auf einer Notenlinie zusammengeschrieben. Peter war gewissermaßen eine 'Ein-Mann-Kapelle', der als Interpret, als Solist, Instrumentalist und Rhythmusgruppe sowie applaudierendes Publikum gleichzeitig zu agieren hatte. Meine Bewunderung für diese Darbietung, Interpret und begleitendes Orchester gleichzeitig darzustellen, wuchs, aber auch mein Erschrecken, denn Peter zeigte sich bei der ganzen Darbietung emotional völlig unberührt, weder stolz noch verlegen, weder ansprechbar für Bewunderung noch Beifall.

Peter spielte seinen Schallplattenapparat unbeteiligt von den Gesprächen mit den Eltern, saß über eine halbe Stunde im Zimmer, spielte sein Repertoire und ließ sich kaum am Ende der Untersuchung aus seiner Selbstbezogenheit und Versunkenheit in die eigene Beschäftigung herausholen.

Das Resümee dieser Untersuchung war, dass sich Peter in seiner Beschäftigung mit der Musik ein inselhaftes Interesse für Musik und das technische Gerät des

Plattenspielers als ein hochbesetztes 'Objekt' geschaffen hatte, das einer Ersatzmutter glich, mit der er sich nun beliebig lange und ohne sich um seine Umwelt zu kümmern, beschäftigen konnte. Der Schallplattenapparat war gewissermaßen die 'Rettung', um sich vor einer totalen Einsamkeit und seelischen Verkümmerung zu bewahren. In der Identifikation mit allem, was diese 'Ersatzmutter' produzieren konnte, mit Text, Melodie, Klängen, Harmonien, Sprache, Beifall hatte Peter sich eine Welt aufgebaut, die nach außen wie eine autistische Schale die übrige Welt ausklammerte, in der er sich aber mit der Welt der Klänge, der Musik, der Texte eine eigene Welt geschaffen hatte.

Mir war klar, dass ich diesen kleinen Peter in Therapie nehmen würde. Nicht nur, dass er als Sechsjähriger mein Mitgefühl und meine besonderen Sympathien ansprach, weil er als kleiner Junge an der Schwelle zum Eintritt in die gesellschaftlichen-sozialen Strukturen zu scheitern drohte. Es sprach mich auch besonders an, dass Peter in der Imitation der Musik-, Sprach- und Gesangstücke einen Rettungsanker gefunden hatte, sich aus der Isolierung und Vereinsamung einer noch größeren Beziehungslosigkeit vor völligem Autismus zu bewahren.

Die Diagnostik, also der Zugang zu diesem Kind besteht schon darin, dass sich der Therapeut weitgehend empathisch einfühlen muss, um einen Zugang zu dieser verschlossenen Welt des Jungen zu finden. Die Sinnhaftigkeit seines verschlossenen Verhaltens ist der entscheidende Zugangsweg. Nicht die Bewertung von Leistungseinstufungen schafft hier den Zugang. Der Sinn dafür, dass sich Peter eine eigene Welt der Musik, Sprache und Schallplatten geschaffen hatte, zu der er niemanden sonst zuließ, war für ihn die Rettung, Beziehungen aufzubauen zu einer emotionalen Welt, die ihm von den Menschen, von seiner Familie nicht gegeben worden war.

So war es meine Aufgabe, mich langsam in diese Welt einzufühlen, mich von Peter benutzen zu lassen, damit ich langsam ein Teil dieser Welt werden und ich mit ihm in Verbindung treten konnte. Ich musste mich von ihm vereinnahmen lassen und dadurch eine Funktion in dieser Welt der Schlager, Melodien und Texte werden.

Die Therapie

Zunächst begegnete mir Peter mit vollkommener Gleichgültigkeit, bezog mich und die Angebote des Spielzimmers überhaupt nicht mit ein, setzte sich grundsätzlich in der Stunde an den Kasten mit den Bausteinen und baute immer und immer wieder seinen Plattenapparat. Er beachtete mich so gut wie gar nicht, reagierte auf keines meiner Worte, sah durch mich hindurch und sang oder sprach seine Stücke vor sich hin, bis ich das Zeichen gab, dass die Stunde beendet sei. Nach einiger Zeit begann er, auf dem Weg von der Warteecke zum Zimmer Kontakt mit mir aufzunehmen. Er ließ sich an der Hand nehmen, er erzählte mir von der Fahrt mit dem Auto zur Stunde, welche Ampeln er rot gesehen hatte oder andere technische Details. Diese kurze verbale Unterhaltung brach er in der Regel sofort ab, sobald wir das Spielzimmer betraten. Etwa in der zehnten Stunde wies er mich an, nicht zu ihm zu sprechen, auch seine Aktionen im Spielzimmer nicht mit Kommentaren zu begleiten. Er fragte mich dann, wie ich hieße und teilte mir mit, dass er mich von jetzt an Herr Schreiber nennen würde. (Vor der Tür und im Kontakt mit seinen Eltern nannte er mich beim richtigen Namen). Nachdem er sich mit seinem Plattenspieler wieder beschäftigt hatte, schaute er diesmal doch längere Zeit im Zimmer umher, wies mich dann an, auf meinem Stuhl vor meinem Schreibtisch Platz zu nehmen und ihn in Ruhe zu lassen. Ich könnte ihm ja zuschauen.

Zunächst verstand ich dies als deutliche Zurückweisung, dass ihm meine Gegenwart zu bedrängend erschien, nachdem er mich in seine Wahrnehmung aufgenommen hatte. Er rekonstruierte gewissermaßen die Einsamkeit seines Zimmers, in dem er abgesehen vom Schallplattenapparat von niemandem belästigt wurde, wo er aber auch zunächst keinen Ansprechpartner hatte, mich aber langsam als verfremdeten, unbekannten Zuschauer in seine Szene einbaute.

In der nächsten Stunde beobachtete er mich vor meinem Schreibtisch von seinem Platz vor dem Baukasten aus. Dabei entdeckte er mein Diktiergerät, das ihn neugierig machte. Er fragte nach der technischen Handhabung und war begeistert von dem Abspielen meines Diktierbandes. Da ihm sofort auffiel, dass der Text mit Satzzeichen, Absatz und Bedienungsanweisungen diktiert war, imitierte er sofort meinen Text nebst Diktieranweisungen und nahm in seinen Wortschatz 'Ende des Diktates', 'Ende der Aktennotiz' usw. auf. In der nächsten Zeit baute er diese beiden Phrasen in seine Musikdarbietungen ein und beendete jedes Musikstück mit 'Ende der Aktennotiz'. Peter hatte einen ersten Schritt der Öffnung vollzogen und mich in sein technisches Repertoire eingebaut. Er konnte mich gewissermaßen ein- und abschalten.

Von nun an musste ich mich immer in meinen Sessel vor dem Schreibtisch setzen und auf ihn warten. Er kam zunehmend häufiger zu mir, spielte mit dem Diktiergerät und setzte sich schließlich auf meinen Schoß.

Über ein Jahr musste ich mich wortlos diesem Jungen als Ersatzobjekt zur Verfügung stellen. Er saß auf meinem Schoß, sang und sprach seine Monologe. Er nahm damit Körperkontakt auf, etwas, was er offenbar in seiner Entwicklung nur unzureichend bekommen hatte. Einfach auf meinem Schoß sitzen und spielen.

Über ein Jahr lang gestaltete sich folgende Szene: Ich musste mich immer in meinen Sessel vor den Schreibtisch setzen und auf ihn warten. Er kam dann zu mir, spielte mit meinem Diktiergerät und setzte sich schließlich auf meinen Schoß. Mit dem Rücken zu meinem Gesicht, das Diktiergerät vor sich, begann er nun ca. ein Jahr lang das Diktiergerät als Kommunikationsmittel zu benutzen. Er sang sein ganzes Repertoire auf Band, sprach seine Texte und hörte in euphorischer Begeisterung seine Produktionen immer und immer wieder ab. Er war begeistert von der Möglichkeit, sich selbst immer wieder zu reproduzieren, aber auch verändern zu können. Während dieser Aktionen durfte ich ohne seine Zustimmung oder Aufforderung keinerlei Worte sagen, ihn nicht mit Worten, 'Brummen', 'Grunzen', Summen oder Lachen begleiten, ihm aber auch keine Rückmeldung geben. Ich musste einfach ein für ihn verfügbares Teil ohne Eigenständigkeit sein. So benutzte er meine 'Welt', stieg über Tonbandgerät und dessen Benutzung in den Kontakt mit mir ein, reproduzierte seine 'Welt' und baute sie in meine 'Umwelt' ein.

Indem er auf meinem Schoß saß, nahm er meine Präsenz in Anspruch, ohne sich mit mir auseinander zu setzen, benutzte mich nach seinen eigenen Bedürfnissen als 'haltende Atmosphäre' und wachte sorgfältig darüber, dass ich durch Sprechverbot seine 'abgeschlossene' und auf sich bezogene Welt nicht störte. Indem er mich zu einem unpersönlichen Teil meines Diktiergerätes machte, über das er nach Belieben verfügen konnte, kam ich ihm niemals so nah, wie als reale Person bei der Begrüßung in der Warteecke.

Der nächste Schritt dieser Inszenierung war die Aufforderung an mich, nun ebenfalls auf Band zu sprechen und seine Solodarbietungen des 'Einmannorchesters' mit einem gleichmäßigen Metrum oder rhythmischen Geräuschen zu begleiten. Begeistert hörte er dann die gemeinsame Produktion an. In Erweiterung dieser beginnenden Kontaktaufnahme begann ein Dialog, in dem Peter an mich über das Tonband Fragen stellte, so z.B. wie eine Melodie aus seinem Repertoire fortgesetzt werden müsste, was ich dann auch über die Tonbandaufnahme beantworten musste. So konnte er nach einer Aufnahme mit 'Rede und Antwort' eine dialogische Sequenz vom Tonband abhören und fand zunehmend begeistert dann die Möglichkeit, während des Abhörens weitere Teile in den bereits produzierten Teil hineinzugeben. Er begann also zu improvisieren.

Er probierte seine Möglichkeiten aus, aus eigenem Impuls Einfluss zu nehmen, zu stören, zu ergänzen und wieder abzuhören. Er begann also, sich emotional auf die Erweiterung des gewohnten Schemas 'Abhören einer emotionalen Mitteilung' einzustellen und darauf zu reagieren. Die ursprünglich gewohnten Schallplatten, Sprechplatten hatten ihm eine dialogische Form nicht ermöglicht, da die Schallplatten nicht auf seine Äußerungen, seine Variationsbedürfnisse, seine Rückmeldungen reagierten. Nun konnte er über die gemachten Tonbandaufnahmen erfahren, dass er selbst bestimmen konnte, was er hören wollte, und wiederum darauf reagieren konnte. Er hatte also wenigstens teilweise ein 'ideal reagierendes Objekt' gefunden, eine emotional 'mehr hinreichende Mutter', als dies der stereotyp reagierende Schallplattenapparat war.

Noch war Peter nicht bereit, auch über die Verfremdung der Bezeichnung 'Herr Schreiber' hinaus mit mir direkt in einen Dialog einzusteigen. Aber er begann nun, für mich sein gesamtes Repertoire an Liedern, Gedichten und Musikstücken zu reproduzieren und auf mein Diktiergerät zu singen. Zunächst mussten wir das zusammen abhören, ohne dass ich irgendwelche Reaktionen zeigen durfte. Dies vermittelte mir eine Position der starken Reaktionslosigkeit, der verbalen Abstinenz. Während ich anfänglich durch die räumliche Trennung, die autistische Abgeschlossenheit von Peter zu großer Distanz verurteilt war, bedeutete die Situation, dass er bei mir auf dem Schoß saß, dass ich seinen Atem beim Singen und Sprechen fühlte, dass er meine Sing-Brummtöne hinter sich zunehmend zuließ. Das alles bedeutete eine deutliche Aufnahme von Kontakt und Verstärkung eines emotional getragenen Miteinanders.

Es scheint kaum glaublich, aber diese Inszenierung, in der Peter bei mir auf dem Schoß saß, mit meinem Tonbandgerät spielte und zunehmend dialogische Sequenzen zwischen ihm und mir aufnahm, sie dann abspielte, dauerte über ein dreiviertel Jahr mit zwei Stunden wöchentlich. In dieser Zeit veränderte sich das Tonbandgerät jedoch merklich. Aus einem einfachen Aufnahmegerät wurde nun zunehmend ein emotional besetztes Spielzeug, dass aus einer unpersönlichen Maschine, die Zweckcharakter hatte, ein Symbol für Beziehungssituationen wurde.

Peter begann, mit dem Mikrophon kleine Szenen zu spielen. Das Mikrophon wurde zunächst abstrakt und ganz distanziert als ein Roboter identifiziert, der Sequenzen des Tagesablaufes durchspielen musste. Solche Sequenzen waren unschwer als Ereignisse zu erkennen, die Peter selbst erlebte. Das Mikrophon wurde zunehmend **Symbol** für die Selbstwahrnehmung von Peter. Er legte das Mikrophon liebevoll in eine kleine Schachtel und deckte es zu.

So musste das Mikrophon morgendliches Aufwachen, Aufstehen, Waschen durchspielen, wobei Peter alle Rollen in der Szene durch das Mikrophon aufnehmen ließ. So sprach er Anweisungen der Erziehungspersonen, die zunächst nicht persönlich auftauchten, gab Antworten, die als Reaktion von ihm selbst Mitteilung machten, gab wiederum in Identifikation mit den Eltern Antworten, die deutlich machten, wie er die Äußerungen der Eltern wahrnahm. Die Personen seiner Welt wurden prägnanter und emotional sichtbar.

Entscheidend für die Entwicklung dieser kleinen Sequenzen war, dass in einem Prozess, in dem zunächst die ganz abstrakte, roboterhafte Reaktion überwog, die Vermenschlichung der Sequenzen aber im Laufe der Monate sichtbar wurde. Während ich anfänglich zum Schweigen verurteilt war, konnte ich zunehmend als 'Stimme im Hintergrund' die Sequenzen begleiten, fragend Peters Reaktionen und Vorstellungen erweitern und schließlich in der Identifikation mit der einen oder anderen Person, die in den kleinen Szenen auftauchten, Peter in eine direkte Interaktion einbeziehen.

Als er eines Tages seine Blockflöte mitbrachte und sie mit in die Produktion einbezog, akzeptierte er, dass ich meinerseits auf einer Blockflöte spielte, wir nun zweistimmig spielten und ich Teile seiner Produktion übernehmen durfte. Mein sprachliches Repertoire in den Stunden bestand allein in der Wiederholung der vorgegebenen Texte. Erst viel später bekam ich Sprecherlaubnis und wir konnten dann mit Kasperlefiguren und Rollenspielen unser Repertoire langsam erweitern.

Die Verwendung der klanglichen und instrumentalen Elemente, die Peter selbst in sein Spiel einbezog, waren dabei immer wieder die Basis für eine langsame Erweiterung des Erlebensraumes.

Entscheidend für die Vorbereitung des Endes der szenischen Gestaltung war die beginnende aggressiv, destruktive Auseinandersetzung mit dem Roboter-Mikrophon, der personellen Erfahrung, die hinter der Roboterwelt des Peter stand. Peter phantasierte, dass der Roboter stark und groß würde und nun zerstört werden müsste. Er spielte zunehmend Tod und Leben des Roboters und ließ den Roboter / das Mikrophon in allen Variationen sterben und wieder lebendig werden. Diese Sterbesituationen waren oft der Ausgang von heftigen Größenphantasien, in denen der Roboter /das Mikrophon /Peter selbst sich Szenen ausdachte, in denen er die ganze Welt beherrschen würde, in einer Großartigkeit alle denkbaren Gefahren überwinden würde und schließlich das Monster Roboter zugrunde gehen musste.

Nachdem Peter mehrfach solche Sterbe- und Zerstörungssequenzen mit dem Mikrophon aufgenommen und abgespielt hatte, beendete er überraschend das Setting, bei mir auf dem Schoß zu sitzen und mit dem Diktiergerät zu spielen. Er brachte eines Tages seine Blockflöte mit, nahm meinen Notenständer, stellte mitgebrachte Noten darauf und meinte, er wollte mir nun etwas vorspielen. Weiterhin wurde ich als Herr Schreiber angesprochen, war aber nun Begleiter seiner Musikstücke, die er mir mit der Blockflöte vorspielte, seiner Gesang- und Sprechstücke, die er nun für mich vortrug. Der Vermittler, das Übergangsobjekt zwischen phantasierter Traum- / Musikwelt und der realen Begegnung mit dem Therapeuten war nicht mehr nötig.

Da mir die neue Kontaktebene sehr emotional besetzt schien, brachte ich zu den nächsten Stunden ebenfalls meine Blockflöte mit, und wir begannen nun, uns spielerisch miteinander über die Sprache der Töne zu beschäftigen. Peter konnte kleine Melodien auf der Blockflöte spielen, die ich dann gemeinsam mit ihm spielte. Er ließ es auch zu, dass ich jetzt seine Melodien nachspielte, woraus sich ein dialogisches Frage- und Antwortspiel über die Blockflöte ergab. Peter begann nun zu genießen, dass er mir über die Blockflöte etwas sagen konnte, und ließ es zu, dass ich ihm antwortete. Sprachlich erlaubte er mir jetzt, offen mit ihm zu sprechen, dass ich seine Aktionen verbal begleitete und meine Befindlichkeit, meine Wahrnehmungen sprachlich und nicht nur averbal ausdrückte. Nach wie vor aber nannte er mich Herr Schreiber, was er strikt im Spielzimmer einhielt, mich aber auf dem Weg in die Warteecke beim richtigen Namen nannte.

Es ist nicht möglich, in dieser kurzen Darstellung den gesamten Behandlungsverlauf von fast zwei Jahren zu beschreiben. Wichtig für den Zusammenhang dieser Arbeit ist, dass Peter in der nachfolgenden Zeit seine dialogischen Möglichkeiten erweiterte. Er bezog Kasperlepuppen mit ein, setzte sich in solchen szenischen Konstellationen mit den bisher ausgeblendeten, abgespaltenen aggressiven Impulsen und Phantasien auseinander, die in der Bewältigung der totalen Einsamkeit, dem Alleingelassen-Sein mit dem Schallplattenapparat, ohne ausreichenden menschlichen Kontakt nur durch Abspaltung zu bewältigen waren. In den spielerischen Sequenzen wurde das Thema Verfolgung, die gegenseitigen Zerstörungsphantasien und -ängste durch Wut- und Hassgefühle, ein Thema, das bereits in den Mikrophon- / Roboterspielen aufgetaucht war, nun in Märchensequenzen mit König, Hexe, Teufel und Hölle immer wieder neu gestaltet. Peter näherte sich dabei wiederholt chaotischen panikartigen Sequenzen, in denen er in kleinkindhafte Erlebensweisen überwechselte. Auffällig war, dass in allen Sequenzen stets die primäre Erfahrung des Rückzugs auf die Musikstücke, Lieder seiner Schallplatten auftauchte, was wie eine Flucht in die frühen Strukturen anmutete. Kasperlespiele, Rollenspiele aber wurden auch von Musikerfahrungen der autistischen Zeit begleitet. So verband sich langsam die früh autistische Welt der 'roboterhaften Musik- und Klangwelt' mit neuen Beziehungserfahrungen.

Gegen Ende der Therapie wurde das gemeinsame Blockflöten zunehmend wichtiger. Peter hatte eine Verbindung seiner primären Objekterfahrung in Melodien, Klängen über die unmenschliche Maschine des Tonbandgerätes schließlich zu Verbindungen mit einem Menschen entwickeln und so eine Verbindung zu Gefühlen und sozialen Reaktionen herstellen können. Die ursprüngliche autistische Abgeschiedenheit, der mangelnde Kontakt, die primäre Erfahrung einer seelenlosen Maschine, die wie ein Mutterersatz für den Patienten eine minimale Verbindung zur Welt durch Klänge, Melodien und über unverarbeitete Sprachformen, die einfach imitiert worden waren, hergestellt worden war, hatte sich nun zu einem menschlich sozial erweiterten Kontakt entwickelt, in der auch die abgewehrten, ausgeschlossenen Emotionen, Frustrationen und Enttäuschungen an der unzureichenden Versorgungserfahrung in einem erlebbaren Rahmen einbezogen worden waren. Der Therapeut musste lange Strecken der Behandlung in die seelenlose Welt der Roboter einsteigen, sich zum Roboter machen lassen und Beziehungslosigkeit, Öde und Langeweile, Gefühle der Sinnlosigkeit bei Kontaktlosigkeit aushalten und den Bezug zu sich selbst dabei nicht verlieren. Peter konnte nun seine stark autistisch geprägte Isolierung aufgeben und auf dem Hintergrund einer erfahrenen, tragfähigen emotionalen Beziehung auch die emotionalen Angebote der Eltern, ihre Sorge und Zuwendung aufnehmen.

Peter veränderte deutlich sein soziales Verhalten. Nach der Einschulung hatten sich auch seine Ängste, mit Kindern der Umgebung, der Klasse Kontakt aufzunehmen, verringert. Peter wurde Mitglied eines Flötenkreises in der Schule. Der Vater, Mitglied eines Posaunenchores, nahm ihn bereits mit acht Jahren in seinen Posaunenchor mit.

Reflexion

Eine Hilfe für diesen Jungen konnte nicht darin bestehen, Standards an Leistungen zu fordern. Hier würde er sich verweigern und völlig versagen. Dieser Junge brachte neben seiner autistischen Weltbewältigung ein hohes Maß an Begabung und einseitiger Leistungsmöglichkeit mit. Es wäre wahrscheinlich sehr verführerisch gewesen, die musikantischen Fähigkeiten aufzunehmen und hier seinen hohen Leistungsanforderungen zu entsprechen. Er hätte wahrscheinlich sehr schnell einen hohen Leistungsstand in musikalischem Unterricht erreicht - wenn er nicht in seiner autistischen Reaktion jeden Unterricht verweigert hätte.

Ich musste auf eine ganz andere Ebene der Störung dieses Jungen eingehen: Ich durfte nicht musikantische Leistungen erwarten - so verführerisch das auch gewesen wäre. Ich musste akzeptieren, dass dieser Junge auf der sozialen, kommunikativen Ebene seinem Alter entsprechend nicht antworten konnte. Einer hohen einseitigen musikalischen Begabung entsprach eine Verarmung von zwischenmenschlichen Fähigkeiten. Peter aber hat mir die Chance gegeben, seine musikantischen Fähigkeiten zu nutzen, um über Töne, Klänge mit ihm in Kontakt zu kommen.

Der Zugang zu diesem Kind bestand darin, dass ich mich als Therapeut weitgehend der Eigensteuerung von Peter überlassen und empathisch einfühlen musste, um einen Zugang zu dieser verschlossenen Welt des Jungen zu finden. Die Sinnhaftigkeit seines verschlossenen Verhaltens war der entscheidende Zugangsweg. Nicht die Bewertung von Leistungseinstufungen schaffte hier den Zugang. Der Sinn dafür, dass sich Peter eine eigene Welt der Musik, Sprache mit Schallplatten geschaffen hatte, zu der er niemanden sonst zuließ, war für ihn die Rettung, Beziehungen aufzubauen zu einer emotionalen Welt, die ihm von den Menschen, von seiner Familie nicht gegeben worden war.

Gab es für den kleinen Peter die Möglichkeit, sich selbständig über die Betätigung von Radio und Schallplatten, durch Musik, Klänge eine schützende Atmosphäre zu schaffen, in dem persönlichen Plattenapparat eine imaginäre Versorgungsperson zu phantasieren und sich damit vor überwältigenden Einsamkeitsgefühlen zu bewahren, so ist umgekehrt die Verwendung von Musik, von Musikhören, von aktivem Gestalten, die Verwendung von Melodien, Klängen, Singen und Bewegung eine Möglichkeit, Menschen in unterschiedlichen psychischen Krisen und Krankheiten therapeutisch zu erreichen und zu behandeln.

Wie Hörmann[1] feststellte, hat Musiktherapie nicht allein kathartische Wirkung, sondern eignet sich vor allem, die Wahrnehmungsfähigkeit des Menschen auszubilden, zu verfeinern und weiterzuentwickeln, Menschen aus sozialer Isolierung heraufzuführen, den Rückzug hinter notwendige, aber inzwischen erstarrte Abwehrformen zurückzuführen und emotionale Beweglichkeit, die Kraft zur erneuten Öffnung und Auseinandersetzung mit sich selbst und der Umwelt wieder anzuregen.

Grundlage sowohl der Bedeutung der Musik in der Behebung psychischer Defizite als auch in der therapeutischen Bearbeitung von seelischen Erkrankungen und Konflikten ist die Frage der Bedeutung für den Entwicklungsprozess jedes Menschen, die Frage der Hinführung der Kinder zum Musikerleben, zum Verwenden von Tönen und Klängen im alltäglichen Leben.

---

[1] Karl Hörmann: Musikwahrnehmung und Farbvorstellung: Empirische Grundlagen für Unterricht und Therapie. Lexika Verlag 1982

ders.: Das Lied im Unterricht und Therapie als Medium erfahrungsorganisierender Musik- und Selbstwahrnehmung. Frankfurt/Main, Bern, New York Lang 1987

Am Beispiel des kleinen Peter lässt sich vielleicht zeigen, wie Introjektionsprozesse bei der Suche nach Identifizierung dazu beitragen, die seelische Struktur des Kindes zu stabilisieren, und Klänge, Melodien, Geräusche besonders wichtige Medien sind, auf die das Kind reagiert und seine Beziehung zur Welt aufbaut. Dass ein Kind hierbei nicht nur die menschliche Stimme der Mutter, der Eltern und Verwandten nutzt, sondern sich sogar die maschinell erzeugte Wiedergabe von Musikkonserven zu eigen macht, um eine, wenn auch unvollkommene Objektbeziehung mit wenigstens etwas Objektkonstanz zu entwickeln, dafür ist die Entwicklung von Peter ein Beispiel.

Objektkonstanz heißt die Fähigkeit, sich den Eindruck des libidinös besetzten Objektes dauerhaft präsent zu halten, auch über die Abwesenheit der Beziehungsperson hinaus. Objektkonstanz heißt die Fähigkeit, zwischen Objekten zu differenzieren und eine Beziehung aufrechtzuerhalten, unabhängig davon, ob die eigenen Bedürfnisse befriedigt werden oder nicht. Dies heißt, dass von dem Kind die Ausbildung von Objektkonstanz erwartet werden kann, dass es fähig zu konstanten Beziehungen ist, wenn es in die harte Welt entlassen wird.

Eine wichtige Entwicklung beim Prozess der Ausbildung von dieser inneren seelischen Konstanz ist, dass das Kind zunehmend lernt, die Angst vor dem Verlust, vor dem Fremden auszuhalten und damit zurechtzukommen. Durch die physische Trennung von der Mutter (Pflegeperson) wird Angst, Panik vor einem solchen Verlust hervorgerufen, die das Kind in der Regel zunehmend mehr aushalten lernen kann. Ist die Präsenz der Mutter hinreichend stabil, lernt das Kind auch längere Zeiten der Abwesenheit der Mutter auszuhalten. Gefühle der Trennung und Einsamkeit begleiten diesen Prozess, ebenso die Ambivalenz in der Beziehung zur Mutter, d.h. ein Schwanken zwischen Sehnsucht nach der Mutter und Ablehnungsgefühlen ihr gegenüber. Diese Zeit des inneren Ungleichgewichts reicht weit in das dritte und vierte Lebensjahr hinein.

Die schwierigsten Störungen werden bei Kindern beobachtet, die oft längere Phasen, aber auch wiederholte Phasen der Vernachlässigung erlitten haben, wie dies im ausgeprägten Maße oft bei Heimkindern oder Kindern mit wechselnden Pflegefamilien zu beobachten ist. Diese Kinder zeichnen sich aus durch geringe Möglichkeiten einer seelischen Stabilität und festen Bindungsfähigkeit, durch schnell wechselnde Beziehungsaufnahme mit geringer Fähigkeit zu Intimität, Zärtlichkeit und Empathie.

Im Falle von Peter ist nicht von einem totalen Mangel an innerer Konstanz, von Brüchigkeit zu sprechen, doch zeigte sich eine überraschende Gleichgültigkeit gegenüber der Zuwendung durch Vater und Mutter, eine Unfähigkeit, Ambivalenzkonflikte, also Frustrationen von Bedürfnissen auszuhalten. Vielmehr zeigten sich Reaktionen von einerseits Wut- und Erregungsdurchbrüchen und andererseits Rückzug, Apathie und Passivität bei Abbruch der Beziehung. Die Bindungsfähigkeit entwickelte sich jedoch an einem technischen Gerät, dem Plattenspieler und dem Radio, die dem Jungen durch ihre permanente Präsenz ein Mindestmaß an Konstanz vermittelten. Die zuließen, dass er über sie verfügen konnte, und die ihm durch ihre Präsenz ein sehr geringes Maß an Frustration zumuteten, ihm kaum irgendwelche Ambivalenztoleranz abverlangten.

So bildete die verfügbare Sammlung von Liedern, Musikstücken, Texten, gesprochenen Worten eine stabile Welt für Peter, in die er sich immer wieder zurückziehen konnte, wenn es notwendig war, deren zuverlässige Präsenz er abfordern konnte, sobald es für ihn erforderlich war. Seine Erfahrung mit Liedern, Klängen, Harmonien und sprachlichen Gebilden hatte für ihn die Bedeutung einer zuwendenden sicheren Mutterbeziehung, auf die er sich verlassen konnte. Sie war ein unvollkommener, aber offenbar hinreichend sicherer Ersatz.

Die Therapie bestand darin, diesen stabilen Bezug zur Welt, zu sich in die Verbindung mit dem Therapeuten zu bringen und Peter erfahren zu lassen, dass die schmerzliche Erfahrung des Alleinseins, der Trennung von einem Menschen nicht bedeutete, dass die Beziehung unsicher würde, dass die entstehenden Wut- und Hassgefühle abgespalten werden müssen, weil sie die Gefahr mit sich brächten, zu zerstörerisch für sich selbst und das gewünschte Objekt zu wirken. Peter musste zunehmend aushalten, dass die Ambivalenz gegenüber dem Therapeuten nicht bedeutete, dass es keine Sicherheit in der Beziehung gäbe. Er musste seine Erfahrungen an der zuverlässigen Konstanz der Musik, der Lieder, des Schallplattenapparates in Verbindung bringen mit dem Therapeuten und schließlich mit seinen Eltern und anderen Beziehungspersonen. Wenn es ihm gelang, auch hier eine hinreichende Sicherheit der Konstanz bei gleichzeitiger Integration von Enttäuschungs- und Wutgefühlen nach Frustrationen zu entwickeln, dann war er dem Beziehungsstress wechselnder Beziehungen gewachsen.

Die Therapie von Peter zeigte, dass die Frustration der vielen zugemuteten Einsamkeitserlebnisse durch die ausgleichende Erfahrung mit dem technischen Mittler, mit Musik und Sprache es ihm ermöglichte, ein gewisses Maß an Konstanz sich selbst und der Welt gegenüber zu entwickeln. Diese Erfahrung dürfte das psychische Überleben von Peter entscheidend mitgeprägt haben.

Was ist die Linie seiner Entwicklung: In der Situation, in der die Eltern aufgrund von Abwesenheit und bedingt durch die berufliche und familiäre Belastung für das kleine Kind nicht als Ansprechpartner und Identifikationsperson zur Verfügung standen, fand dieses in der Beschäftigung mit Schallplatten, mit Liedern, der Welt der Klänge, Geräusche usw. eine emotionale Welt, die zwar unpersönlich etwas starre Antworten gab, die dennoch aber so viel emotionale Identifikationsmöglichkeiten vermittelten, dass der kleine Peter über die Imitation und nachfolgende Introjektion hinreichend viele emotionale Anregungen erhielt, die ihm die Entwicklung einer eigenen Phantasiewelt mit zwar begrenzten, aber doch vorhandenen Vorstellungen von sich selbst und der Welt um ihn herum ermöglichten. Diese begrenzte Welt reichte jedoch nicht aus, um die Ängste, die Bedrohungen, die Defizite und Frustrationen im zunehmenden Alter auszugleichen, so dass autistischer Rückzug, Angstsymptomatik mit auffälligen Zwängen und sozialer Isolierung entwickelt wurden. So konnte Peter auf seine Not hinweisen.

Indem Peter die szenische Erfahrung mit der unbelebten Mechanik eines Schallplattenapparates und der daran gemachten Erfahrung in die Therapie einbringen konnte, in der Auseinandersetzung mit einer ebenso unbelebten Maschine wie dem Diktiergerät und einer Reproduktion seiner eigenen Erfahrung des gelernten Materials von Liedern, Texten, Melodien durch dieses Diktiergerät in Anwesenheit des Therapeuten, begann eine Erweiterung der Phantasiewelt von Peter, der nun in der Auseinandersetzung mit dem Therapeuten diesen in seine Erlebniswelt mit hineinnahm, diesen zunächst auch zu einer Maschine machte, sich dann aber über die körperliche Nähe, averbale und verbale Begegnungen, über gemeinsames Musizieren, Singen, Blockflötenspiel, Rollenspiele, szenische Gestaltung aufschloss. Über diese Öffnung war eine Erweiterung der Vorstellungen von sich selbst (Selbstwahrnehmung) und von der Welt (Fremdwahrnehmung) möglich. In Peter erweiterte sich durch Introjektion seine Welt, die Stabilität von Wahrnehmungen seiner eigenen Person und Wahrnehmungen der reagierenden Welt.

Eine Hilfe für diesen Jungen konnte nicht darin bestehen, Standards an Leistungen zu fordern. Hier würde er sich verweigern und völlig versagen. Dieser Junge brachte neben seiner autistischen Weltbewältigung ein hohes Maß an Begabung und einseitiger Leistungsmöglichkeit mit. Es wäre wahrscheinlich sehr verführerisch gewesen, die musikantischen Fähigkeiten aufzunehmen und hier seinen hohen Leistungsanforderungen zu entsprechen. Er hätte wahrscheinlich sehr schnell einen hohen Leistungsstand in musikalischem Unterricht erreicht - wenn er nicht in seiner autistischen Reaktion jeden Unterricht verweigert hätte.

Ich musste auf eine ganz andere Ebene der Störung dieses Jungen eingehen: Ich durfte nicht musikantische Leistungen erwarten - so verführerisch das auch gewesen wäre. Ich musste akzeptieren, dass dieser Junge auf der sozialen, kommunikativen Ebene seinem Alter entsprechend nicht antworten konnte. Einer hohen einseitigen musikalischen Begabung entsprach eine Verarmung von zwischenmenschlichen Fähigkeiten. Peter aber hat mir die Chance gegeben, seine musikantischen Fähigkeiten zu nutzen, um über Töne, Klänge mit ihm in Kontakt zu kommen.

Der Zugang zu diesem Kind bestand darin, dass ich mich als Therapeut weitgehend der Eigensteuerung von Peter überlassen und empathisch einfühlen musste, um einen Zugang zu dieser verschlossenen Welt des Jungen zu finden. Die Sinnhaftigkeit seines verschlossenen Verhaltens war der entscheidende Zugangsweg. Nicht die Bewertung von Leistungseinstufungen schaffte hier den Zugang. Der Sinn dafür, dass sich Peter eine eigene Welt der Musik, Sprache mit Schallplatten geschaffen hatte, zu der er niemanden sonst zuließ, war für ihn die Rettung, Beziehungen aufzubauen zu einer emotionalen Welt, die ihm von den Menschen, von seiner Familie nicht gegeben worden war.

So war es meine Aufgabe, mich langsam in diese Welt einzufühlen, mich von Peter benutzen zu lassen, damit ich ein Teil seiner Welt werden und ich mit ihm in Verbindung treten konnte. Ich musste mich von ihm vereinnahmen lassen, um dadurch eine Beziehungsfunktion in dieser Welt der Schlager, Melodien und Texte zu bekommen. Für Peter war diese Welt der Musik lebensrettend gewesen. Gleichzeitig hatte sie mir auch den Weg in der Therapie gewiesen, Peter in seiner autistischen Welt zu begegnen und zu begleiten.

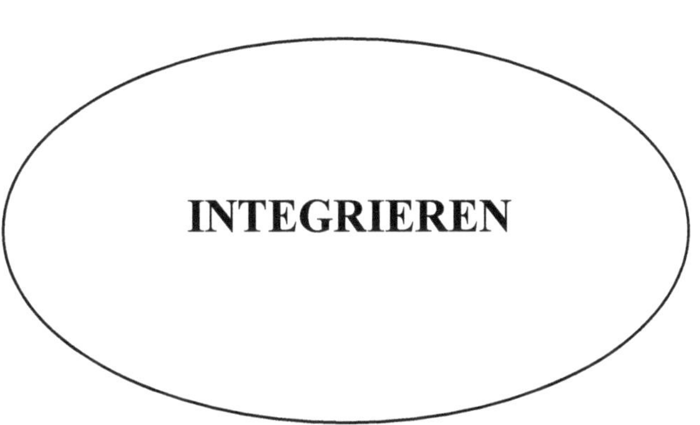

INTEGRIEREN

Entwicklung des individuellen kreativen Potenzials im integrierten Tanztheater

Wolfgang Stange

Eine gesunde künstlerische Entwicklung des einzelnen Menschen kann nur dann stattfinden, wenn Eltern und Lehrer an das kreative Potenzial des Individuellen glauben.

AMICI DANCE THEATRE COMPANY   Foto: Sheila Burnett, London

Kreativität ist in diesem Sinne jedem Menschen gegeben, ob behindert oder nicht behindert. Oftmals hat der Mensch mit Behinderung eine offenere Einstellung zum Kreativen und ist weniger bedacht, den Eltern oder Lehrern etwas „Gutes" zu zeigen. Diese Ehrlichkeit wird von nicht behinderten Teilnehmern aufgenommen, wenn die Gruppe integriert ist.

Das Wichtigste ist, den Menschen den Glauben an das Eigene wahrnehmen zu lassen und einen Raum zu schaffen, wo sie mit ihrer Kreativität experimentieren können.

AMICI DANCE THEATRE COMPANY   Foto: Ian Welsby, London

Das Lernen von einander, die Anerkennung des künstlerischen Beitrags der anderen Gruppenmitglieder, die Erweiterung der eigenen Grenzen, all dies trägt zur Entwicklung des individuellen kreativen Potenzials im integrierten Tanztheater bei.

Das sind die Grundregeln, auf denen die Arbeit des AMICI Tanztheaters aufgebaut ist. Über zwanzig Jahre hat die AMICI Gruppe sich in dieser Weise bestätigt. Die Ehrlichkeit, das Direkte, das Menschen mit Behinderungen zu den Aufführungen bringen, ist das, was das Publikum bewegt und was eine besondere Tiefe auf die Bühne bringt.

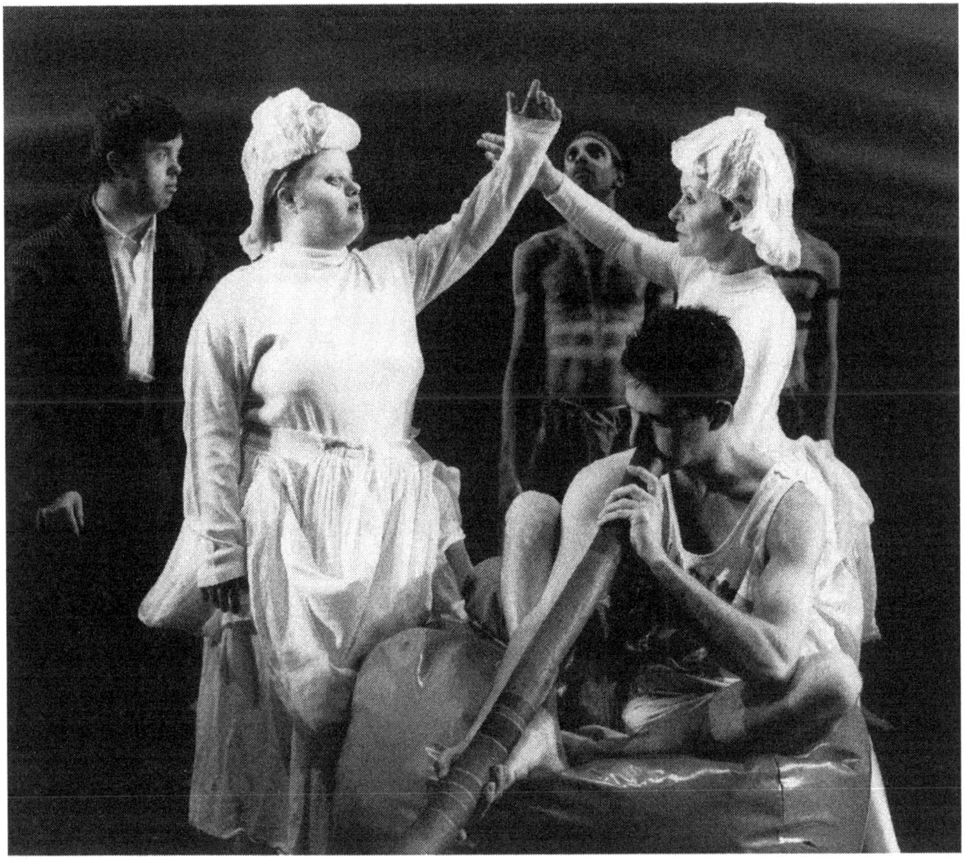

AMICI DANCE THEATRE COMPANY   Foto: Ian Welsby, London

Viele etablierte Künstler suchen diese Tiefe. Viele finden sie, aber ebenso viele verlieren sie im Streben, die beste Technik zu erlernen. Technik ist natürlich sehr wichtig, aber wenn sie zwischen den Künstler und den wahren Ausdruck tritt, dann verliert die Kunst; der Künstler wird ein Darsteller seiner Kunst und nicht Künstler.

Margot Fonteyn war für mich die Tänzerin, die sich als Künstlerin offenbarte. In ihr sah ich das Zusammenkommen von Technik und das Eigene. Ihre Vorstellungen hatten Elektrizität, die bei mir Gänsehaut und Tränen erzeugte. Als ich später Menschen mit Down Syndrom unterrichtete, erzeugte eine meiner Schülerinnen die gleiche Reaktion in mir.

Die Frage, die mir danach lang im Kopf herumschwirrte, war: wie ist es möglich, die gleiche körperliche Reaktion zu erfahren bei meinem Idol Margot Fonteyn, anerkannte Künstlerin mit vielen Erfahrungen und einer jungen Frau mit Down Syndrom, die noch nie im Leben eine Ballettvorstellung gesehen hatte? Nach langem Ringen kam ich zu der Überzeugung, dass sie beide gewisse Restriktionen (Grenzen) durchbrachen. Margot Fonteyn löste sich von den Fesseln der Technik. Jane, die junge Frau mit Down Syndrom, löste sich von den Fesseln, die ihr die Natur aufzwang. Beide wurden sich selbst wahr und erkannten sich in der Musik; sie erfuhren die Wahrheit in diesem Moment.

Was ist das, diese Wahrheit in der Kunst? Ein großes Thema. Jeder Mensch sieht sie in seiner eigenen Perspektive: die **eigene** Wahrheit. Für mich geht es um Ehrlichkeit. Die persönlichen Lebenserfahrungen verbinden sich mit der gelernten Aufgabe und bringen das innere Gefühl, die eigene Tiefe vor das Publikum.

Das alles ist nur möglich, wenn man sich sicher fühlt. Und somit sind wir wieder am Anfang dieser Problematik. Menschen brauchen Raum, um sich zu entwickeln. Künstler brauchen Raum und Unterstützung, um ihr wirkliches Potenzial zu erreichen. In integrierten Gruppen gibt es eben mehr Möglichkeiten, diese Erfahrungen zu sammeln.

Spiel • Raum • Musik

Werkstattwoche für freie Improvisation in Musik und Tanz für professionelle Künstler und Menschen mit Behinderung

Brigitte Flucher und Thomas Stephanides

Wesenskern des Projektes ist die künstlerische Begegnung von Menschen mit (geistiger) Behinderung und professionellen Künstlern in der Improvisation

Eine Woche lang lassen sich verschiedenste Menschen aufeinander ein in freier Improvisation (Musik und Tanz), in unterschiedlichsten Zusammenstellungen und Besetzungen. Gerade die Improvisation ermöglicht und fordert ein Zusammensein in Echtheit und Intensität, das gleichwertige Fähigkeiten in den Menschen herausstreicht und hörens- und erlebenswerte Ergebnisse im künstlerischen Tun wachsen lässt. Dabei entsteht ein kreativer Prozess, der den persönlichen Ausdruck und Selbstmitteilung der sonst in ihrer Kommunikation stark eingeschränkten Menschen ermöglicht und die Wahrnehmung aller Beteiligten intensivst fördert. Es ist ein Lernen und Erweitern des Horizonts von allen. Im dialogischen Prozess sind die Künstler einerseits unterstützend, andererseits als gleichrangige Spielpartner jenes „Du", an dem sich das „Ich" entfaltet. Annahme und Wertschätzung der Andersartigkeit und Gleichwertigkeit der Spielpartner werden ermöglicht. „Im Schloss und ohne Riegel" ist somit nicht nur das Motto der Abschlussveranstaltung, eine Performance als Fenster zur Werkstattwoche. Im Spiel treffen sich absichtslose, sinnen-volle Freude und Unterhaltung mit konstruktivem, sinnvollem Tun.

So ist das Projekt ein künstlerisches, dem *Heilsames und Soziales immanent* sind. Dies kann nicht geplant oder gemacht, sondern als Geschenk wahrgenommen werden.

Nach der Gründung im Jahr 1996 durch Stefan Heidweiler und Christian Lichtenberger hat sich das Projekt etabliert und findet zum fünften Mal statt. Das künstlerische Spektrum wurde im Jahr 2000 um den Bereich Tanz und Bewegung in einer integrativen Gruppe erweitert. Das liegt nahe, da Musik so sehr mit dem Körper zu tun hat - einerseits kann sie nicht sein ohne Klang*körper*, andererseits braucht es den Körper in Bewegung, um sie zu erzeugen, sei es im Spielen der Instrumente, sei es als Instrument selbst (Stimme). Diese Erweiterung, die nicht nur für sich steht, sondern auch ein Zusammenwirken von Musik und Tanz ermöglicht, eröffnet neue Dimensionen. In diesem Sinn erfährt die Benennung des Projektes als *Spiel·Raum·Musik 5* inhaltlich eine Ausweitung, die an den ursprünglichen Begriff μουσικη [musiké] im Griechischen erinnert, der Musik, Tanz, Dichtung, Poesie, Kunst und Wissenschaft umfasst. Als Konsequenz dieser Veränderung können dieses Mal 25 behinderte Menschen, also mehr als bisher, die Möglichkeit nutzen, mit professionellen Künstlern in Kontakt zu treten.

Neu ist auch, dass alle Teilnehmer jeden Tag anwesend sind. Die künstlerische Arbeit erhält auf diese Weise einen Boden der Beständigkeit in der Begegnung für den Freiraum der Improvisation.

Um dies zu ermöglichen, wird ein weiterer eigenständiger künstlerischer Bereich eingeführt - „Kreatives Gestalten“, in dem Erich Heiligenbrunner, von Praktikanten aus Gallneukirchen (Schule für heilpädagogische Berufe) unterstützt, kreativ mit behinderten Teilnehmern arbeitet im Sinne von gestalteten Freiräumen.

Ebenso neu entwickelt sich im Laufe der Vorbereitungen eine Zusammenarbeit mit dem Orff-Institut der Universität Mozarteum in Salzburg. Studierende des Bereiches Tanz- und Tanzpädagogik werden in die integrative Tanzgruppe eingebunden und bereichern das Projekt mit ihrer gestalterischen Lebendigkeit.

Des weiteren kommen auch Studierende vom Lehrgang für heilpädagogische Berufe in Salzburg mit ihrem kreativen und sozialen Engagement neu dazu, sie sind vor allem im Bereich Tanz aktiv.

Etliche Betreuer aus den Einrichtungen der Lebenshilfe und von Schernberg sind aktiv ins Geschehen verwoben und übernehmen zusätzlich organisatorische Aufgaben (zum Beispiel Fahrtendienst), sind somit wertvolle Mitarbeiter.

So packen über 50 Menschen vom 8.-12.5.2000 jeden Tag das Leben kreativ am Schopf, 25 Menschen mit (geistiger, teils mehrfacher) Behinderung, die professionellen Künstler sowie in künstlerischen und sozialen Bereichen Lernende und Arbeitende. Das Schloss Goldegg öffnet seine Poren, gerät in

Schwingung, ja wächst über sich hinaus, denn das kreative bildnerische, plastische, räumliche Gestalten entfaltet sich auch in der herrlichen Natur rund um Goldegg - zum Beispiel regt eine riesige Skulptur im Wald zu farbenprächtigen Inszenierungen an.

Und es bewährt sich, dass alle jeden Tag da sind. Das Leuchten in den Augen, die Innigkeit der Begegnungen, der tiefe Respekt voreinander und die Freude miteinander sind berührend. Und Coloman Kállos, der am Orff-Institut unterrichtet, versucht in bewährter Weise, die Atmosphären mit seiner winzigen Kamera einzufangen.

Die professionellen Künstler fügen sich zu einem organischen Team. Ein nicht einfach zu bewältigendes Paradoxon für sie liegt darin, dass sie sich auf einer Gratwanderung zwischen Ebenbürtigkeit und Verantwortlichkeit gegenüber den Menschen mit Behinderung sowie zwischen der tragenden Gegenwärtigkeit der Improvisation und der vorausschauenden Gestaltung der Performance befinden.

Gespräche und Reflexion mit den Künstlern und dem erweiterten Team bieten zugleich Platz für neue Ideen. Es stellt sich als sehr wichtig heraus, mit allen involvierten Gruppen Kontakt zu halten. Auch die Abendstunden sind erfüllt von der Intensität der Begegnung. In der Woche geschieht derart viel, dass die Intensität der einzelnen Spuren dem polyphonen Gesamtklang einfach anvertraut werden. Am gemeinsamen Tagesbeginn bzw. -abschluss bietet sich bruchstückartig Gelegenheit, einander mitzuteilen.

Organisatorisch gilt es, die Nutzung aller materieller Ressourcen (inklusive Verlegung eines Tanzbodens im Kemenatensaal) bis hin zur Versorgung aller Teilnehmer sowie die zeitlichen Abläufe (inklusive Besprechungsmöglichkeiten) zu gewährleisten, vielfältige Büroarbeiten zu erledigen und die in der Woche sinnvolle und notwendige Öffentlichkeitsarbeit (Interviews, Stellungnahmen, Besucherbegleitung) wahrzunehmen.

Die Tage sind vielfältig und vielentfaltend, bewegt und bewegend.

Vorbereitung

Es gilt, das erweiterte Projekt samt der inhaltlichen Kernelemente organisch zu konzipieren und so zu organisieren, dass die Zusammenarbeit der Beteiligten unter den gegebenen und zu bedenkenden logistischen Notwendigkeiten möglich ist.

Durch die Besonderheiten der Teilnehmer ergeben sich deutliche Unterschiede zu üblichen Seminarbetrieben. Es genügt bei weitem nicht, ein „Angebot" an „Seminaren samt Leitern" zur Verfügung zu stellen. Wir sind dafür verantwortlich, dass jeder seinen Platz findet in dieser Woche. Es gilt ein *Ganzes* zu organisieren *und* zu begleiten.

In der Auswahl der künstlerisch Tätigen gelten einerseits als Kriterien Professionalität, das heißt langjährige Auseinandersetzung und Bühnenerfahrung im Bereich Improvisation, soziale Kompetenz für den Umgang mit Menschen mit Behinderung und Teamfähigkeit. Andererseits bei den Menschen mit geistiger Behinderung Interesse und Motivation, sich in Musik bzw. Tanz auszudrücken, zu experimentieren. Vorgespräche mit Betreuern und das persönliche Kennenlernen der Teilnehmer durch Brigitte Flucher klären dies. Der Kontakt zu den einzelnen Einrichtungen von Lebenshilfe und dem St. Vinzenzheim sowie den Trägern des Projektes ist eminent wichtig. Dies ist nur durch die Zusammenarbeit mit engagierten BetreuerInnen, Werkstätten- und Wohnhausleitern von der Lebenshilfe sowie den Mitarbeitern in Schernberg leistbar. Die Entscheidung, wer von den Menschen mit Behinderung an dieser Woche teilnehmen kann, erfordert viel Feingefühl und Klarheit, nicht zuletzt deswegen, weil der Andrang groß ist. Das Interesse, an dieser Woche teilzunehmen, ist enorm, das Potenzial an künstlerischem Interesse und Motivation ebenso (viele haben musiktherapeutische Erfahrung, die zum Teil als Folge dieses Projektes initiiert worden ist, zum Beispiel im St. Vinzenzheim). Vielen mussten wir schweren Herzens absagen.

Auch die Kontakte zu den Künstlern müssen geknüpft werden. Behutsame Umgestaltungen im künstlerischen Team halten wir für die Arbeit wichtig im Sinne von Anregung und Befruchtung. Im Jahr 2000 kamen die Musikerin Daisy Jopling, die TänzerInnen Susanne Rebholz, Wolfgang Stange und wie bereits erwähnt Erich Heiligenbrunner zu den MusikerInnen Fritz Kronthaler, Christian Musser, Lydia Rettensteiner und Franz Schmuck hinzu.

Die Kontaktnahme mit dem Orff-Institut, Vorstellung des Projektes und Auswahl der interessierten StudentInnen wird sehr durch Shirley Salmon (Musikpädagogin, lebt in Graz, unterrichtet im Studienschwerpunkt MTSH - Musik und Tanz in der Sozial- und Heilpädagogik am Orff-Institut in Salzburg) unterstützt.

Die Vielzahl der beteiligten Menschen und Institutionen erfordert eine in all ihren Einzel- und Besonderheiten aufwändige telefonische und persönliche Vernetzungsarbeit.

Ein wichtiges Ereignis ist das *Vorbereitungstreffen* des Teams von professionellen Künstlern und Organisatoren samt StudentInnen und PraktikantInnen. Etliche Fragen von Organisatorischem über Bedarfserhebung der einzelnen Bereiche (Material, Räume) bis zu den Gruppenstrukturen und dem Schutz der künstlerischen Arbeit vor (zu vielen) Besuchern während der Woche unter Ermöglichung des Zugangs Interessierter sind zu klären. Auch wie Coloman Kállos seine Filmarbeit leisten kann, wird besprochen.

Zur Vernetzung im weiteren Sinne gehört die Öffentlichkeitsarbeit, die von persönlichen Gesprächen, bei denen Interesse geweckt und Ängste abgebaut werden, bis zu konventionellen Arten von Public Relations (Einladungen und Berichten in diversen Medien, Plakate usw.) und Sponsoring reicht.

Die Beschaffung der Geldmittel (Förderung durch Privatpersonen, Firmen oder auch durch die Orff-Stiftung sowie durch Land und Bund, Beiträge der Teilnehmer, StudentInnen und PraktikantInnen, Projekt-„Bausteine") erfordert viel Arbeit, wobei uns der Kulturverein Schloss Goldegg (wie auch in der Öffentlichkeitsarbeit) wesentlich unterstützt. Die vielen unentgeltlich geleisteten Arbeitsstunden verschiedener Mitarbeiter sind als unersetzbare Grundlage zu erwähnen. Es gelingt, eine gute Budgetbilanz zu erzielen, eine Auswertung der Dokumentation kann allerdings aus Geldmangel nicht durchgeführt werden, gleiches gilt für neuerliche Vorbereitungsarbeiten.

Nachbereitung

Mannigfaltiger Gesprächsaustausch mit den am Projekt Beteiligten, die voller Eindrücke und Ideen sind, sowie schriftliche Projektdokumentation benötigen noch einiges an Energie und Zeit. Und am 25.Juni 2000 kamen im Schloss fast alle noch einmal zusammen. Gemeinsame Reflexion mit Bildern, Erzählungen, Besprechungen des Teams lassen die Woche noch einmal er- und ausklingen.

Spiel·Raum·Musik geht in die Welt hinaus

Am 1.7.2000 spielte eine Abordnung von der Werkstattwoche beim Blues- und Folkfestival im Schloss Goldegg mit, das für und von der Lebenshilfe Schwarzach organisiert wurde.

Aufgrund einer Empfehlung von Frau Nevina Cotar wurde *Spiel·Raum·Musik* beim Festival „Rassegna Del Teatro Delle Diversitá", das in Gorizia (Italien) von der Provinz Gorizia, dem Teatro Con Noi, sowie vom A.N.M.I.C. (Associazone Nationale Mutilati ed Invalidi Civili) vom 16.-18.10.2000 organisiert wurde, vorgestellt. An diesem Festival nahmen integrative Gruppen teil und brachten ihre Form von Kunst zum Ausdruck.

Zu zwölft (drei KünstlerInnen, zwei Studentinnen vom Orff-Institut, fünf künst-lerisch tätige Menschen mit Behinderung und wir beide) fuhren wir in den Süden. Mit bauchwehbegleiteter Gespanntheit legten wir für die Performance auf der Bühne am Dienstag Abend nur den Anfang fest (ein paar vage Ideen für den Schluss schwirren herum) und überließen alles sonst der Kraft und dem Fluss der Improvisation. Mit Freude erlebten wir eine tolle, berührende, spannende 45-minütige Performance. Der Funke sprang über. Zuvor beantworteten wir bei einer Vorstellung des Projektes nahezu zwei Stunden lang die Fragen der Anwesenden; am Tag danach waren wir bei einer Fachtagung mit einem Referat vertreten. Das Interesse an unserem Ansatz (vor allem die spürbare Gleichwertigkeit aller Beteiligten) und an unserer Arbeit war groß. Etliche wünschten sich eine Teilnahme oder Hilfe für eigene Projekte dieser Art.

Organisation, Leitung, inhaltliche Gestaltung, therapeutische Begleitung wurden getragen von *Brigitte Flucher* (Lamprechtshausen) Musiktherapeutin ÖBM, unterrichtet auch musisch kreativen Ausdruck im Lehrgang für heilpädagogische Berufe, *Thomas Stephanides* (Goldegg), psychotherapeutisch arbeitender Arzt, Musiker, zusammen mit dem *Kulturverein Schloss Goldegg*, vor allem mit *Constanze Sigl.*

Einige Betrachtungen zu den Grundlagen des improvisatorischen Geschehens:

Begegnung, Beziehung, Wahrnehmung, künstlerisches Tun in Form von Improvisation sind uns wesentlich im Projekt *Spiel·Raum·Musik*.

Begegnung von verschiedenen Menschen, verschiedenen Welten steht dabei als Wert für sich. Das heißt, es ist nicht unser Anliegen, diese Begegnung für pädagogische Ziele zu nutzen. Sie ermöglicht gemeinsamen künstlerischen Ausdruck, nicht mehr und nicht weniger. Um ein künstlerisches Ergebnis auch in der Spannung von Menschen mit Behinderung und Menschen „ohne" Behinderung wachsen zu lassen, nehmen wir als Form des künstlerischen Tuns die freie Improvisation. Diese meint nicht Improvisation in einer vorweg abgesprochenen, geplanten Struktur, sondern ständiges Neugestalten in Gegenwärtigkeit und Spontanität. Sie ist am Puls ständig wandelnder Wahrnehmungen, Gefühle und Empfindungen. „Improvisation ist ein dauerndes Suchen nach Gestaltbildung und Gestaltverwandlung. Dieser Prozess durchdringt psychische, körperliche und soziale Fragen gleichermaßen."[2] (siehe auch Anhang des Projektberichtes[3].) Mit ihr ist sowohl in der Musik als auch im Tanz eine Ausdrucksmöglichkeit gegeben, die als solche weitgehend unabhängig von kognitiven Leistungen befriedigend umfassend, vollständig ist. Improvisation ist nicht vorausplanbar, berechenbar. In der Improvisation erschließen sich Menschen, die sich augenfällig unterscheiden von der gewohnten Art der Wahrnehmung, Kommunikationsmöglichkeiten, bei denen sie sich auf einer gleichen Stufe wiederfinden mit im kognitiven Bereich unauffällig kommunizierenden Menschen. Die subjektive Erlebbarkeit entzieht sich noch dazu einer leistungsbeachtenden vergleichbaren Objektivität. Der Anteil, der in behinderten Menschen als behindert bezeichnet wird, der uns und sie behindert, tritt in den Hintergrund.

Improvisation ist eine Daseinsform, die die Erfahrung des Vergangenen mit den Möglichkeiten der Zukunft im Gegenwärtigen verknüpft. „Es liegt eine

---

[2] Fritz Hegi (Musiktherapeut) in: Improvisation und Musiktherapie, S.159

[3] Thomas Stephanides: „Wert und zur Bedeutung von Musik und Improvisation in der Begegnung mit behinderten Menschen", 1999, erhältlich bei den Organisatoren

grundsätzliche Kraft in Improvisationsprozessen, das gegenwärtige Erleben zu aktivieren und zu vervollständigen."[4]

Und da ist nicht nur Begegnung, sondern auch *Beziehung*. Dabei halten wir neben der wesentlichen Art der dialogischen Beziehung - im sinnenreichen Hin und Her an Wahrnehmen und Verständigen, die Beziehung *in Resonanz* für bereichernd. Diese muss gar nicht gemacht werden, sie geschieht überall da, wo Verschiedene in Beziehung sind. Resonanz ist gleichzeitig eine *Wahrnehmungs*art.

Der Begriff selbst kommt aus der Musik und der Physik. Er beschreibt das Phänomen der Bereitschaft schwingungsfähiger Systeme, die gleiche Schwingung anzunehmen, wobei zwei Körper gleicher Eigenschwingung einander anregen. Es ist Mitschwingen in *einer* Schwingung. Resonanz heißt, dass zwei oder mehrere Menschen in der Begegnung nicht nur jeder für sich Empfindungen, Gefühle, Wahrnehmungen *haben*, sondern sie *sind* zugleich in *einem* Gefühl, in *einer* Empfindung. Sie sind zwei *und* eins, wie ein Wesen[5]. Das Paradoxon, dass „2" gleich „1" sind, kennen wir in verschiedenen Beispielen: Oktavtöne, die Welle-Teilchen Geschichte, oder in der sexuellen Begegnung, die sogar ein drittes bringen kann, ein Kind. Die Wahrnehmung der Empfindungen in Resonanz geschieht nicht am „anderen", da es ja gar nicht mehr „2" „gibt", sondern in mir selbst. Und sie kann immer nur „jetzt" sein.

Hier tut sich eine neue Dimension an Begegnung, Wahrnehmung auf. Ohne verbale, kognitive Fähigkeiten benötigende Informationen kann ich *in mir* wahrnehmen, in welchem Gefühl ich mit meinem Gegenüber bin. Einer kann für den anderen Resonanzkörper sein. Resonanz kann die scheinbare Kluft in der Kommunikation mit Andersartigen überbrücken.

Gerade in der Improvisation, die sich so sehr an der Gegenwärtigkeit bewegt, können die Beteiligten zu *einem* Organischen werden, das wie von selbst das Spiel trägt und sich ausdrückt.

Die immanente Gegenwärtigkeit der Improvisation und der Resonanz kann Ausgangspunkt für Veränderungen sein, sogar für heilsame. Heilsames im Be-

---

[4] Fritz Hegi: Improvisation und Musiktherapie, S.159
[5] Peter Schellenbaum nennt das den „dritten Leib".

reich des Lebendigen ist nicht berechenbar, ist Entwicklung, Veränderung, die überraschen kann in ihren Möglichkeiten. Beziehung ist dabei wesentlich, sie allein kann schon heilsam sein (wie wir zum Beispiel von der Psychotherapie her wissen). So schaffen wir in dem Projekt Voraussetzungen für Künstlerisches und Heilsames. Und für Begegnung zweier verschiedener Welten in den kompatiblen Bereichen. Neu, unvorhersehbar. Demut ist angebracht im Tun, womöglich im Lassen.

Und selbst eine nutz[en]lose (für unserer Begriffe oft verwechselt mit sinn[en]-lose) Freude halten wir für sehr sinn-voll für alle Beteiligten.

Es gilt wohl (vielleicht zum Wohl), das Wagnis des Lebendigen einzugehen, den Anspruch auf messbar Bewirkendes zugunsten eines von der Gegenwart unmessbar Wirkenden aufzugeben, und womöglich im erlebbar Heilsamen beschenkt zu werden.

Wir freuen uns zutiefst über das lebendige Gelingen der Werkstattwoche und der Abschlussperformance und über das Interesse, die Freude und die Berührtheit, die uns vom Publikum entgegengekommen sind und die wir in der Woche so intensiv erlebt haben.

Spiel • Raum • Musik

Idee und Entwicklung eines integrativen Projektes im Schnittfeld von Kunst, Pädagogik und Therapie

Stefan Heidweiler

Spiel • Raum • Musik..., über diesen Dreiklang habe ich in meiner beruflichen Praxis lange nachdenken müssen - mindestens ebenso lange wie, damals noch im Studium, über den antiken Dreiklang Musik, Sprache und Bewegung. Und - ich bin zu einem vorläufigen Ergebnis gekommen, das ich an den Anfang meines Beitrages setzen möchte.

Therapie: ein nicht nur im Orff-Institut, sondern auch in der Wellness-Kultur unserer Wohlstandsgesellschaft oft tabuisierter Begriff. Allgemein wird Therapie als Heilbehandlung verstanden, wobei ein Krankheitsbild zum Verschwinden gebracht oder abgeschwächt werden soll. In unserem Zusammenhang erscheint es mir wichtig, dass Therapie - insbesondere die Behandlung von seelischen Störungen - die Aufmerksamkeit zunächst auf *Vergangenes* richtet, etwa auf krank machende Faktoren in der Lebensgeschichte. Kennen wir die Ursachen einer Krankheit, so kann darauf folgend ein Behandlungsplan erstellt werden. Rekonstruktion und Erinnern spielen hierbei eine zentrale Rolle. Allerdings - und das kommt bei der Vergangenheitsbewältigung erschwerend hinzu: der Mensch vergisst zu viel und viel zu schnell (Voltaire).

Kunst hingegen (Dichtung, Malerei, Architektur, Tanz und natürlich auch Musik) kann als das Bemühen verstanden werden, *Gegenwart* zu interpretieren, zu deuten oder zu gestalten. Gerade die Musik ist ja eine Gegenwartskunst per se, die, will man den Worten von John Coltrane Glauben schenken, sogar in der Lage sein kann, alles auszudrücken, selbst die Erfahrung der ganzen Menschheit und zwar genau in dem Augenblick, in dem sie entsteht.[6]

---

[6] "Ich denke, als ein Ausdruck des menschlichen Herzens oder des menschlichen Wesens selber sagt die Musik, was vor sich geht. Ich denke, sie formuliert alles - die Erfahrung der ganzen Menschheit genau in dem Augenblick, in dem sie entsteht." John Coltrane in: Carles / Comolli: Free Jazz / Black Power, Frankfurt (Fischer), 1974, S.136

Kunst fordert Aufmerksamkeit, reagiert und provoziert nicht selten die Zeitgenossen, indem sie auf Missstände hinweist, neue Sichtweisen eröffnet oder Nicht-Sprachliches auszudrücken versucht. So ist etwa auch die Interpretation von sogenannter Alter Musik immer auch ein Versuch, das Vergangene in die Gegenwart zu übersetzen. Auch die meisten kunsttherapeutischen Verfahren lenken den Focus zunächst immer auf die *gegenwärtige* Befindlichkeit des Patienten (und des Therapeuten), um daran anschließend (oder zeitgleich) erweiterte Zusammenhänge zu reflektieren, zu rekonstruieren und - wo der therapeutische Kontakt gelingt - zu erhellen. Bei aller Komplexität des Kunstbegriffs kann Kunst in unserem Zusammenhang als die Kunde der Wirklichkeit bzw. der Gegenwart verstanden werden.

Pädagogik plant in die *Zukunft* und lenkt die Aufmerksamkeit auf das Kommende, Werdende. Freilich nicht ohne die Absicht, aus den Fehlern der Vergangenheit lernen zu wollen. Pädagogische Konzepte entstehen in Reflexion von vergangenem und gegenwärtigem Erleben und Handeln. Sie sind nicht selten Visionen einer besseren Welt, manchmal auch Utopien. Vorausschau und Zielorientierung lassen sich als Wesensmerkmale jedem didaktischen Konzept und jedem pädagogischen Handeln zuordnen.

Vor diesem Hintergrund versteht sich das Projekt *Spiel • Raum • Musik* auch als ein integratives Projekt im Schnittfeld von Vergangenheit, Gegenwart und Zukunft. Freilich, das sei eingeräumt: Jede Schematisierung ist gleichzeitig auch eine Vereinfachung; Überschneidungen sind in der Praxis oft nicht Ausnahme, sondern Bestandteil der beruflichen Realität.

Spiel • Raum •Musik - ein Projekt mit geistig behinderten Menschen

Auch der Begriff "geistige Behinderung" wirft viele Fragen auf, und es kann nicht genügen, Behinderung allein unter ätiologischen Gesichtspunkten zu verstehen. Ausführlich beschreibt Salmon[7] Behinderung als Herausforderung, deren Funktion in unserem Wertesystem nicht ersatzlos gestrichen werden kann. Negativ-Zuschreibungen und das Menschenbild des Defizit-Bündels sind auch

---

[7] Salmon, Shirley: Behinderung als Herausforderung. In: Orff-Schulwerk-Informationen Nr. 62, Salzburg 1992, S. 11-19

heute noch allgegenwärtig präsent. Fragwürdig erscheint mir auch eine Polarisierung in gesunde und behinderte (= kranke) Menschen, wie es häufig zu lesen ist.

Festzustellen ist, dass leichte und mäßige geistige Behinderung überzufällig häufig gerade da zu finden ist, wo der Zugang zu Bildungsmöglichkeiten behindert ist, also in den unteren Sozialschichten, auf dem Lande und in seelischschädigendem Milieu.[8]

Die Musiktherapeutin Niedecken beschreibt das "geistig behindert Sein" als eine Institution, die maßgeblich von der Diagnose als Definition bestimmt wird. Mit der Diagnose ist dem geistig Behinderten tendenziell die Chance genommen, sich als Subjekt mit eigenen Wünschen auf die Welt zu beziehen.[9] Dem "geistig behindert Sein", so Niedecken, liegt das Zusammenspiel von verinnerlichten Mordtendenzen in uns allen und den Institutionen, die sich der "geistig Behinderten" annehmen, zugrunde. Der Weg des "geistig behindert Werdens" führt durch verschiedene Stationen: die Diagnose-Stellung, elterliche Phantasmen, Schuldzuweisungen seitens der Umwelt und Fördermaßnahmen, die sich auf die Herstellung von Leistungsfähigkeit beschränken.[10]

Auf der imaginären Werteskala von Behinderungen befindet sich die geistige Behinderung zweifellos im unteren Bereich. Euthanasiephantasien sind in unserer Gesellschaft latent allgegenwärtig.

In dieser "Landschaft der zu großen und zu kleinen Schuhe"[11] konfrontieren uns behinderte Menschen nachhaltig mit den Grenzen des Machbaren. Mehr oder weniger bewusst fühlen wir uns durch die Existenz von Behinderten in unserer Werte- und Leistungsgesellschaft bedroht.

---

[8] Dörner, Klaus / Plog, Ursula: Irren ist menschlich. Lehrbuch der Psychiatrie / Psychotherapie. Bonn (Psychiatrie Verlag), 1989, S. 71f.

[9] Niedecken, Dietmut: Rekonstruktion von Zeit und Raum. Musiktherapie mit einer Gruppe schwer geistig behinderter Erwachsener. In: Musiktherapeutische Umschau Bd.15, Frankfurt a. M., (Bochinsky) 1994, S. 174-186

[10] Niedecken, Dietmut: Namenlos. Geistig Behinderte verstehen. München (Piper), 1989

[11] Dörner, Klaus / Plog, Ursula: Irren ist menschlich, 1989, S. 68

Der Musikpädagoge Kemmelmeyer[12] (wie auch Keller und andere musisch Tätige) hingegen sieht im behinderten Menschen eine anthropogene Sonderform, eine vollwertige Persönlichkeit, die sich allein durch ihre auf der Behinderung beruhende Eigengesetzlichkeit von Nichtbehinderten unterscheidet.

Ist der Umgang mit Musik in der Lage, unsere Sichtweisen zu erhellen, zu verschärfen oder gar zu verändern, und wenn ja; welche Musik?

Idee und Entwicklung von Spiel • Raum • Musik

Nach dem Studium am Orff-Institut arbeitete ich im Angestelltenverhältnis als Musiktherapeut und als Nachfolger des Begründers der u.a. von Jörg Haider geförderten "No Problem Musiktherapie"[13] in einer Einrichtung für geistig behinderte Jugendliche und Erwachsene in Graz. Hier eröffneten sich vielfältige Möglichkeiten, den schöpferischen Umgang mit Musik und Bewegung zu erproben und auszuloten.[14]

Der Besuch von provozierend frei spielenden Jazzmusik-Freunden, die mich auch auf das künstlerische Potenzial einzelner Behinderter aufmerksam machten, inspirierte mich zu kleinen ungewöhnlichen musikalischen Gestaltungen innerhalb der Einrichtung.[15]

---

[12] Kemmelmeyer; K.-J.: Die Bedeutung der Kunst für Unterricht, Erziehung und Therapie der behinderten Kinder. In: Kemmelmeyer / Probst (Hrsg.): Quellentexte zur pädagogischen Musiktherapie, Regensburg (Basse), 1981, S. 173

[13] Schörkmayr, Josef B. / Witzany, Günther: Musik mit Behinderten. Stuttgart / New York (Fischer), 1987; ders.: Integrative Musiktherapie. Wien (Aram), 1989; weitere Veröffentlichungen zum kontrovers diskutierten Konzept der "No-Problem-Musiktherapie" in: Musiktherapeutische Umschau 3/87, 9/88, Frankfurt a.M. (Bochinsky)

[14] Heidweiler, Stefan: Einsatzmöglichkeiten von Musik und Bewegung in einer Institution für geistig behinderte Jugendliche und Erwachsene. In: Orff-Schulwerk-Informationen Nr. 50, Salzburg, 1992, 31ff.

[15] auch Fritz Hegi zeigt sich vom sog. Free-Jazz der frühen Jahre maßgeblich beeinflusst. Vgl. Hegi: Improvisation und Musiktherapie - Möglichkeiten und Wirkungen von freier Musik. Paderborn (Junfermann), 1986, S. 19ff.

Ich erkannte, dass die freie Improvisation es ermöglichen kann, im Spiel mit eingeladenen Gästen Zugangsschwierigkeiten auf beiden Seiten binnen weniger Minuten zu meistern.

So reifte mit der Zeit die Idee, verschiedene Formen von Improvisation mit Menschen unterschiedlicher Behinderungsgrade und improvisierenden Musikern in einer Werkwoche künstlerisch zu thematisieren. Ein erster Versuch war das Projekt "Begegnung Amorph", das ich im Rahmen meines Magisterstudiums am Orff-Institut mit fünf Personen der Lebenshilfe Salzburg, einigen behinderten Menschen aus Graz und einer Handvoll MusikerInnen im Theatersaal, Frohnburgweg 55 organisierte und leitete.[16]

Foto: Herbert Huber, Salzburg

---

[16] Heidweiler, Stefan: "Begegnung Amorph", Projekt-Bericht an der Abteilung XI: Musik- und Bewegungserziehung "Orff-Institut" der Hochschule für Musik und darstellende Kunst "Mozarteum". Salzburg, 1993

Durch eine glückliche Fügung öffneten sich im Frühjahr 1996 die Pforten und Riegel zum 50 km südlich von Salzburg gelegenen Kultur- und Seminarzentrum Schloss Goldegg. Hier konnte ich den Grundstein für eine Projektreihe legen, die seither einmal jährlich stattfindet: *Spiel • Raum • Musik - Werkstatt für Improvisation und Gestaltung.* Zielgruppe der Teilnehmer waren einerseits Menschen mit Behinderungen aus verschiedenen Einrichtungen der Lebenshilfe im Salzburger Land, die sich im Rahmen des musiktherapeutischen Angebotes als "musikalische Persönlichkeiten" zeigten; manche spielten schon seit vielen Jahren *ihr* Instrument, andere gingen sehr sensibel mit Klängen um oder besaßen eine lustbetonte musikalische Expressivität, die auch sehr virtuos sein konnte.

Foto: Herbert Huber, Salzburg

Die Gruppengröße der Teilnehmer aus Lebenshilfe-Einrichtungen war auf 15 Personen beschränkt. Bei der Zusammenstellung orientierte ich mich primär an meiner Absicht, verschiedene Facetten von Musikalität aufzuzeigen. Fast alle besaßen musikalische Vorerfahrungen und waren - manche sogar als ehemalige Schüler der Keller'schen Pionierarbeit - mit der Musikimprovisation als elementarem Ausdrucks- und Kommunikationsmedium mehr oder weniger vertraut.

Andererseits waren sechs BerufsmusikerInnen geladen, z.T. auch ehemalige Orff-StudentInnen, die sich für die Idee einer experimentellen Werkwoche begeistern ließen. Es erschien ratsam, Spezialisten verschiedener Instrumente auszuwählen, um gegebenenfalls auch unter pädagogischen Gesichtspunkten instrumentale Fertigkeiten während der Werkwoche vertiefen zu können. Die Verfügbarkeit des nahezu gesamten Schlosses ermöglichte ein flexibles Arbeiten in unterschiedlichsten Besetzungen. Es ging nicht allein um prozessorientiertes Arbeiten, sondern jedem Teilnehmer sollte es ermöglicht werden, seine eigene Formgebung zu verwirklichen. Besondere Beachtung und Wertschätzung erfuhr die Authentizität des künstlerischen Ausdrucks der behinderten Menschen sowie der professionellen Musiker. Gefördert und gefordert war mit Jacoby die "Ausdrucksfähigkeit im Sinne eines musikalischen Sprechvermögens."[17]

"Das Erste, was abgefallen ist", so eine teilnehmende Musikerin, "war das Denken, dass diese Leute behindert sind. Manchmal hatte ich das Gefühl, sie haben uns etwas voraus und w i r sind eigentlich die Behinderten, die es immer wieder lernen müssen, in der Begegnung authentisch zu sein; und – dass Musik zum Leben gehört, nicht als Zugabe, um Eindruck zu machen, sondern als Teil des Lebens selbst."

Das Verständnis von Improvisation als einem kompositorischen Prozess, an dessen Ende eine Form stehen kann, legte es nahe, eine öffentlich zugängliche

---

[17] Jacoby, Heinrich: Jenseits von "Musikalisch" und "Unmusikalisch" - die Befreiung der schöpferischen Kräfte dargestellt am Beispiele der Musik. Hamburg (Christians), 1984, S. 44

Abschlussveranstaltung anzusetzen, die am Ende der Woche gut besucht und enthusiastisch begrüßt wurde. Die Gestaltungsergebnisse reichten von Klangexperimenten auf selbstgebauten Instrumenten über türkische Folklore und klassische Musik in kammermusikalischer Besetzung bis hin zu 13 selbsterfundenen Balladen, bodenständigen Ländlern und jazzigem Kammer-Punk.[18]

Kunsthistorische Entdeckungen im Rittersaal / Schloss Goldegg[19]

Von vielen Seiten wurde ich nach der ersten Werkstattwoche gefragt, ob auch im kommenden Jahr wieder ein derartiges Projekt stattfinden werde; ich zweifelte zunächst, da mir der Happening-Charakter und die Einmaligkeit des unwiederholbaren Ganzen durchaus bewusst waren. Als ich jedoch im sogenannten Rittersaal des Schlosses die prunkvollen Renaissance-Täfelungen eingehender studierte, machte ich eine Entdeckung, deren bemerkenswerte Synchronizität zur stattgefundenen Werkwoche eine Fortsetzung mehr als nahe legte.

Anno 1536 fertiggestellt befinden sich an der Südwand des Rittersaals in Rundbögen zwei Personen, die, neben der berühmteren sog. Musikantenempore, unsere besondere Aufmerksamkeit verdienen. Links, der sogenannte Hofnarr oder Fex; dargestellt ist ein Mann in schwarzer Kleidung mit weißem Kragen. Unter dem Kinn sind zwei große Kröpfe erkennbar, die für die Salzburger Bevölkerung der damaligen Zeit ebenso charakteristisch waren wie der hohe Spitzhut. Auf der Gestalt selbst befinden sich zahlreiche Inschriften, und es ist anzunehmen, dass sich die Bewohner der Umgebung gerade mit dieser, von einer Behinderung gekennzeichneten Person, besonders identifizierten. Auf der anderen Seite ein Musiker - Laute und Flöte in der Hand haltend. Auffällig ist, dass er die Instrumente nicht unmittelbar spielt, was darauf hinweist, dass es sich hier um einen Gelehrten handelt, der dem sog. Hofnarr unmittelbar gegenübergestellt ist.

---

[18] Heidweiler, Stefan: Spiel Raum Musik auf Schloss Goldegg. In: Orff-Schulwerk-Informationen Nr. 62, Salzburg, S. 41ff.

[19] Zaisberger, Friederike: Der Rittersaal im Schloss Goldegg. Salzburger Landesregierung, 1981

Hofnarr

Lautenspieler[20]

Weitere Entwicklungen

Die positive Resonanz seitens der KünstlerInnen, der behinderten Teilnehmer-Innen sowie der KollegenInnen der Lebenshilfe und meine kunstgeschichtliche Entdeckung ließen mich weitere Projekte planen, die mit unterschiedlichen Schwerpunkten durchgeführt werden konnten. Auch wenn es in den darauffolgenden Jahren zu gelegentlichen Wiederholungen kam - und das nicht allein bei den stets neuen und nicht zu unterschätzenden finanziellen Hürden - möge die innovative Kraft der Projektidee auch in Zukunft erhalten bleiben. Um die Werkwoche vor einer Austrocknung zu bewahren,[21] erschien es wichtig, den

---

[20] Die Abbildungen sind dem Buch: Zaisberger, Friederike (1981), Der Rittersaal im Schloss Goldegg. Salzburger Landesregierung, S. 52f. entnommen

[21] zum Künstler im therapeutischen Setting siehe auch:

Kreis der Künstler, aber auch der "Musikanten" mit Bedacht stetig zu erneuern, wie das etwa auch in diesem Jahr durch die Bereiche Tanz (Susanne Rebholz, Wolfgang Stange) und kreatives Gestalten (Erich Heiligenbrunner) der Fall gewesen ist. Brigitte Flucher, der ich nach meinem Umzug ins Allgäu die organisatorische Verantwortung übertragen habe, wird in dieser Festschrift noch näher über die Organisation berichten.

Foto: Herbert Huber, Salzburg

Petzold, H./ Sieper, J.: Kunst und Therapie, Kunsttherapie, Therapie und Kunst – Überlegungen zu Begriffen, Tätigkeiten und Berufsbildern. In: Petzold / Orth (Hrsg.): Die neuen Kreativitätstherapien. Handbuch der Kunsttherapie Bd. I, Paderborn (Junfermann) 1990, S. 169-184

66

Abschließende Bemerkungen

Spiel • Raum • Musik ist keine neue Musiktherapie, sondern versteht sich als regionale kulturelle Bildungsinitiative für behinderte und nichtbehinderte Menschen im Salzburger Land. Sie steht weder in Konkurrenz zu bestehenden Therapieangeboten, noch kann es sie ersetzen. Es handelt sich hier eindeutig um zwei verschiedene Bereiche. Kulturelle Bildung ist dem pädagogischen Bereich zuzuordnen, in dem sich die Ausdrucks- und Kommunikationsfähigkeiten erweitern können. Therapieangebote hingegen zielen auf die individuelle psychische Problematik des Einzelnen, durch die er oder sie möglicherweise gehemmt wird, überhaupt an kulturellen Angeboten teilzunehmen und die in der Interaktion zwischen Musiktherapeut und Patient behandelt werden kann.

Es besteht keineswegs die Absicht, aus behinderten Menschen Stars zu machen oder eine Tourneekultur etwa im Sinne einer Freak-Show ins Leben zu rufen. Vielmehr geht es darum, dem behinderten Menschen in Berührung mit künstlerischen Medien einen geschützen Spielraum zu ermöglichen, darin er sich lustvoll, sinnlich, persönlich und konkret bewegen kann, ohne den Bezug zur Alltagsrealität zu verlieren.

Spiel • Raum • Musik ist kein "workshop", sondern eine Werkstatt mit der Zielsetzung, einen Spielraum für schöpferisches Miteinander, Begegnung und Co-Kreativität zu ermöglichen. Schöpferisches Tun, als psychische Gesundheit an sich, ist da behindert, wo der Zugang zu Bildungsmöglichkeiten versperrt bleibt. Betrachtungen zur Kreativität - und hier ist nicht die Bedeutung von "kreativ" im Sinne eines Schaffens bedeutender und anerkannter Kunstwerke gemeint, sondern Kreativität als Tönung der gesamten Haltung gegenüber der äußeren Realität[22] - müssen da, wo sich Kreativität verwirklicht oder auch nicht verwirklicht oder verschüttet ist, die Umwelt mit einbeziehen. Pädagogische, therapeutische und / oder künstlerische Arbeit mit kreativen Medien ist nur dann integrationsfördernd, wenn sie sich im Prozess interdisziplinärer Zusammenarbeit unter der Kooperationsbereitschaft aller Beteiligter vollzieht.

Die im Konzept von 1996 formulierte Absicht, durch das Projekt neue soziale Netzwerke zu ermöglichen sowie eine breitere Nutzung kultureller wie auch therapeutischer Angebote für behinderte Menschen zu initiieren, erscheint ge-

---

[22] Winnicott, D.W.: Vom Spiel zur Kreativität. Stuttgart (Klett-Cotta), 1989, S. 78

lungen. So haben die Musikschule Radstadt und die in der Nähe von Schloss Goldegg gelegene große Einrichtung Schloss Schernberg musikalische Aktivitäten mit Behinderten in Form von zwei neu geschaffenen Planstellen in ihren Bildungsauftrag integrieren können.

"Musik kann nicht heilen, aber sie kann heilsam sein" (Gertrud Loos) und zu einem Mehr an Lebensqualität beitragen, wenn der bewusste Umgang mit ihr auch die therapeutischen Chancen berücksichtigt. Hier bleibt dem Orff-Institut in Salzburg zu wünschen, dass es die therapeutische Dimension von Improvisation nicht nur toleriert, sondern auch in das Konzept der elementaren Musik- und Bewegungspädagogik integriert.

Literatur

Carles, Ph. und J.-L. Comolli (1974): Free Jazz - Black Power, Franfurt/M., (Fischer)

Carles, Ph. (1989): Integrative Musiktherapie. Wien (Aram). Weitere Veröffentlichungen zum kontrovers diskutierten Konzept der "No-Problem-Musiktherapie" in: Musiktherapeutische Umschau 3/87, 9/88, Frankfurt a.M. (Bochinsky)

Dörner, Klaus und Plog, Ursula (1989): Irren ist menschlich. Lehrbuch der Psychiatrie/ Psychotherapie. Bonn (Psychiatrie Verlag.), S. 71f.

Hegi, Fritz (1986): Improvisation und Musiktherapie - Möglichkeiten und Wirkungen von freier Musik. Paderborn (Junfermann)

Heidweiler, Stefan (1992): Einsatzmöglichkeiten von Musik und Bewegung in einer Ins-titution für geistig behinderte Jugendliche und Erwachsene. In: Orff-Schulwerk-Informationen Nr. 50, Salzburg, S. 31ff.

Heidweiler, Stefan (1993): "Begegnung Amorph", Projekt-Bericht an der Abteilung XI: Musik- und Bewegungserziehung "Orff-Institut" der Hochschule für Musik und darstellende Kunst "Mozarteum", Salzburg

Heidweiler, Stefan: Spiel Raum Musik auf Schloss Goldegg. In: Orff-Schulwerk-Informationen Nr.62, Salzburg, S. 41ff.

Jacoby, Heinrich (1984): Jenseits von "Musikalisch" und "Unmusikalisch" - die Befreiung der schöpferischen Kräfte dargestellt am Beispiele der Musik. Hamburg (Christians)

Kemmelmeyer; K.-J. (1981): Die Bedeutung der Kunst für Unterricht, Erziehung und Therapie der behinderten Kinder. In: Kemmelmeyer / Probst (Hrsg.): Quellentexte zur pädagogischen Musiktherapie, Regensburg (Basse)

Niedecken, Dietmut (1989): Namenlos. Geistig Behinderte verstehen. München (Piper)

Niedecken, Dietmut (1994): Rekonstruktion von Zeit und Raum. Musiktherapie mit einer Gruppe schwer geistig behinderter Erwachsener. In: Musiktherapeutische Umschau Bd.15, Frankfurt/ M., (Bochinsky), S. 174-186

Petzold, H. und Sieper, J. (1990): Kunst und Therapie, Kunsttherapie, Therapie und Kunst – Überlegungen zu Begriffen, Tätigkeiten und Berufsbildern. In: Petzold und Orth (Hrsg.): Die neuen Kreativitätstherapien. Handbuch der Kunsttherapie Bd. I, Paderborn (Junfermann) S. 169-184

Salmon, Shirley (1992): Behinderung als Herausforderung. In: Orff-Schulwerk-Informationen Nr. 62, Salzburg, S. 11-19

Schörkmayr, Josef B. und Witzany, Günther (1987): Musik mit Behinderten. Stuttgart / New York (Fischer)

Winnicott, D.W. (1989): Vom Spiel zur Kreativität. Stuttgart (Klett-Cotta)

Zaisberger, Friederike (1981): Der Rittersaal im Schloss Goldegg. Salzburger Landesregierung

Wege zum Dialog:
Erfahrungen mit hörgeschädigten Kindern in integrativen Gruppen

Shirley Salmon

1.   Einleitung

„Die Musik ist eine Sprache jenseits der Worte, sie ist universell. Sie ist die schönste Kunst, die es gibt, sie schafft es, den menschlichen Körper leibhaftig in Schwingungen zu versetzen... .

Das geht im Inneren des Körpers vor sich. Es sind Noten, die anfangen zu tanzen. Wie Kaminfeuer. Das Feuer, das rhythmisch groß, klein, groß, schneller, langsamer wird. (...) Schwingungen, Emotionen, Farben in magischem Rhythmus."

(Emanuelle Laborit 1995, S.24-25)

Dieses Zitat ist für mich deswegen so bemerkenswert, weil es von Emanuelle Laborit, einer Schauspielerin, stammt, die gehörlos geboren wurde und die erst mit sechs Jahren mittels der französischen Gebärdensprache zu kommunizieren lernte.

Zur Veranschaulichung der Wahrnehmung Hörgeschädigter bietet es sich an, mit bestimmten Audiobeispielen zu arbeiten, bei denen zunehmend Frequenzen aus dem unteren Bereich weggefiltert werden, so dass zum Schluss nur die höchsten Frequenzen wahrnehmbar sind, wie dies bei einer Tieftonschwerhörigkeit der Fall ist. Danach wird der jeweilige Text kurz ohne jegliche Filterung vorgespielt, anschließend werden zunehmend die höheren Frequenzen weggeschnitten, so dass zum Schluss nur die tiefsten Frequenzen hörbar sind. Das sind die Frequenzen, die Menschen, die wir als gehörlos bezeichnen, meist wahrnehmen können.

Solch ein Beispiel ist ein reines Kunstprodukt, das andere Parameter, die für das Verständnis notwendig sind, nicht zeigen kann. Das sind der Reifezustand der zentralen Hörbahn, Assoziationsfelder, Intelligenz und Hörerfahrungen. Für die Total Communication kommen Gestik, Mimik, Körperhaltung usw. dazu. Das Fehlen der Vibrationen, die vor allem in unteren Frequenzbereich besonders deutlich sind und durch Gegenstände, durch den Boden oder durch das Resonanzgefühl in den Hohlräumen des Körpers wahrgenommen werden können, beeinträchtigt das Verstehenkönnen. Diese taktilen und vibratorischen Wahrnehmungen sind bei allen Menschen vorhanden, aber bei Menschen, die schwerhörig oder gehörlos sind, von besonderer Bedeutung. Oft ist diese Form der Wahrnehmung bei diesen Menschen besonders ausgeprägt. Deshalb agiert die weltbekannte Schlagzeugerin Evelyn Glennie, die mit zwölf Jahren ertaubt ist, meist barfuß auf der Bühne.

Solche Beispiele können uns helfen, eine Vorstellung zu entwickeln, wie Menschen, die leicht schwerhörig sind, wahrnehmen -, wie es wäre, leicht schwerhörig zu sein. Ich bezweifle aber, dass es möglich ist, wirklich adäquate Vorstellungen davon zu haben, wie Menschen, die hochgradig schwerhörig oder gehörlos sind, wahrnehmen. Wir wissen noch sehr wenig, wie Menschen mit Hörbeeinträchtigungen über die verschiedenen Sinne Musik wahrnehmen. Nehmen z.B. Menschen, die gehörlos gebärdensprachkompetent sind, Tanz anders wahr durch ihren hochentwickelten visuellen Sinn? Haben Menschen mit einer Hörschädigung möglicherweise ein anderes Rhythmusgefühl als Hörende? Das sind wichtige Fragen, die wir nur im Dialog beantworten werden können.

Unser Wissen und Unwissen über die Wahrnehmung von gehörlosen Menschen soll uns bewusst sein. Denn wenn wir mit Kindern, die hören, arbeiten, haben wir eigene Erfahrungen, Wahrnehmungen, Erlebnisse und Erinnerungen. In der Arbeit mit Kindern, die hörgeschädigt sind, können wir nur aus der Praxis von und mit den Kindern und im Kontakt und Austausch mit Erwachsenen, die hörbeeinträchtig sind, lernen. Es bedarf einer gewissen Bescheidenheit, denn ich muss mich fragen: "Welche Relevanz können meine Erfahrungen mit Hören, Spielen, Tanzen und Musizieren für diese Kinder haben? Wie können wir uns begegnen und vor allem, wie können wir in Dialog kommen?"

72

Mein Weg in diese Arbeit fing vor ca. 20 Jahren an, als ich ein Angebot bekam, zwei Musik- und Bewegungsstunden pro Woche in einem Kindergarten für Kinder mit Hörschädigungen zu halten. Als Kommunikationsmittel war ausschließlich die Lautsprache (gesprochene Sprache) erlaubt, denn seit dem Mailänder Kongress der Gehörlosenpädagogen im Jahre 1880 war die Gebärdensprache fast hundert Jahre lang im Unterricht verboten. Ich sollte nicht einmal natürliche Gesten verwenden, denn die Kinder mit Hörbeeinträchtigungen sollten sich (wie in anderen Ländern auch) allein auf das Ablesen und auf Höreindrücke konzentrieren. Ich fragte mich: "Wie können sogenannte gehörlose Kindergartenkinder meine Sprache, meine Fragen, Aufforderungen oder Anregungen ohne die Zuhilfenahme von Gestik und Mimik verstehen?" Sie konnten es einfach nicht. "Wie sollten wir überhaupt miteinander kommunizieren?" Bald wurde mir klar, dass Sprache – hier die gesprochene Sprache – nie von den vielen anderen Parametern und vor allem nicht von der Spielsituation getrennt werden soll. Über die Jahre wurde mir auch klar, dass reine Lautsprache nicht für jedes sogenannte gehörlose Kind das optimale Kommunikationsmittel sein muss.

Warum kann musikalisch-tänzerische Arbeit mit hörgeschädigten Kindern wertvoll sein?

Dazu habe ich drei Hypothesen:

1. Hörgeschädigte Kinder erleben oft Schwierigkeiten in der Entwicklung von Dialogen. Einerseits aufgrund ihrer Schädigung und der damit verbundenen verminderten auditiven Fähigkeit. Andrerseits wird auch die Umgebung der Kinder - zuerst die nächsten Bezugspersonen - durch die Hörschädigung beeinflusst und herausgefordert.

2. Jeder Mensch, auch der Mensch mit einer Hörschädigung, braucht den Dialog, um sich weiterzuentwickeln. Speziell für Kinder mit Hörschädigungen kann und muss der Dialog auch den präverbalen und nonverbalen Dialog einschließen.

3. Ein multi-sensorischer Zugang, wie er im Orff-Schulwerk zu finden ist, kann die Entwicklung von Dialog und somit die Gesamtentwicklung unter-

stützen, denn es wird eine breite Palette von Wahrnehmungsmöglichkeiten angeboten. Vielfältige Möglichkeiten, spielerisch mit Musik, Bewegung, Sprache und Materialien umzugehen, werden entdeckt und entwickelt sowie ein individueller kreativer Ausdruck in der Gruppe.

ad 1.

Der Titel meines Vortrags hat nicht zufällig Ähnlichkeiten mit dem Titel von René Spitzens Buch „Vom Dialog". Dialog – Dialogfähigkeit und Dialogkompetenz sind wichtig für die Entwicklung jedes Menschen. In diesem Zusammenhang nennt Sir Karl Popper drei Funktionen der menschlichen Sprache: Ausdrucksfunktion, Kommunikationsfunktion und, für ihn am wichtigsten, die Darstellungsfunktion.[23]

Dialog, Kommunikation und Interaktion zwischen „kompetenten" Partnern sind Voraussetzungen für Entwicklung und Lernen. Entwicklung ist außerdem von der Qualität der Beziehung, die wir aufbauen, abhängig. Sie soll in einem kooperativen gemeinsamen Austausch stattfinden. Jeder verändert sich im Dialog. Im Dialog können wir Menschen begleiten und einen Kontext für Erfahrungen anbieten, damit Wahrnehmung, Denken und Handeln und somit Entwicklung ermöglicht werden können.

ad 2.

Die Möglichkeit für Kinder mit Hörschädigungen, ihre Dialogkompetenz zu entwickeln, ist stark von ihrer Umgebung und den möglichen Kommunikationsformen abhängig. Der präverbale Dialog, der zwischen Mutter und Kind stattfindet, kann durch die Hörschädigung und die psychische Reaktion der Mutter auf die Schädigung negativ beeinflusst werden. Es ist entscheidend, ob überhaupt gemeinsame Kommunikationsformen gefunden werden, unabhängig davon, ob in Lautsprache oder Gebärdensprache. Mit Dialog denken wir vielleicht zuerst an den lautsprachlichen Dialog. Dieser bleibt für viele Kinder mit

---

[23] Popper K. & K. Lorenz (1985): Die Zukunft ist offen. Piper, München, S. 95

Hörschädigungen auch später mühsam bis sehr schwierig. Dialog kann aber hier genauso den Dialog in Gebärdensprache[24] bedeuten.

Ein kurzes Videobeispiel verdeutlichte verschiedene Parameter sowie die Expressivität und den Rhythmus der Gebärdensprache und zeigte, dass das Mundbild wichtig ist. Rosi, eine zweisprachige Frau, die hochgradig hörgeschädigt ist, erzählt das Märchen „Rotkäppchen" für drei Kinder, die ebenfalls hochgradig hörgeschädigt sind. Zwei von diesen Kindern haben Eltern, die gehörlos sind und werden zweisprachig nach dem Prinzip: eine Person - eine Sprache, erzogen.

Viele Menschen, die gehörlos sind, sind Mitglieder der sogenannten „Gehörlosengemeinschaft". Sie definieren sich nicht über ihr Defizit, sondern als eine kulturelle und sprachliche Minderheit. Kinder, die gehörlos sind, die in einer sogenannten gehörlosen Familie aufwachsen, erlernen die Gebärdensprache als Muttersprache. Karl Popper hat die menschliche Sprache als ein „darwinistisches Evolutionsprodukt" bezeichnet – als ein Werkzeug.[25] (So ist es nicht erstaunlich, dass aus dem Bedürfnis nach Sprache, nach Kommunikation es für sogenannte gehörlose Babys, die in gehörlosen Familien aufwachsen, ganz normal ist, während der Lallphase mit Lauten aufzuhören und in Gesten/ Bewegungen weiter zu "lallen".)

Popper betont auch, wie wir wissen, dass Kinder die Sprache nicht lernen, indem sie nur *hören*, sie lernen die Sprache, indem sie *sprechen*, indem sie Sprechversuche machen. Diese aktiven Sprechversuche bedeuten dann eine Art Neuschöpfung der Sprache durch jedes Kind. Dabei lernen sie auch zuzuhören, zu lauschen.[26] Dies gilt für jede Art von Sprache, auch die Gebärdensprache. Aktive Versuche, Neuschöpfungen mit Musik, Tanz und Materialien zu gestalten, sind ebenfalls ein Weg, um die „Sprache" des Mediums kennen zu lernen, mit ihr umzugehen und sie zu verwenden.

---

[24] Charles Michel Abbé de l'Epée gründete 1755 die erste staatliche Schule für Gehörlose der Welt in Paris, Frankreich. Er gab 1776 ein Buch über die Erziehung von Gehörlosen durch die methodische Verwendung von Gebärdenzeichen heraus. Beim Kongress der Gehörlosenlehrer in Mailand 1880 wurde beschlossen, dass Pädagogen Gebärdensprache nicht als Lehrzweck verwenden durften.

[25] Popper K. & K. Lorenz (1985): Die Zukunft ist offen. Piper, München

[26] a.a.O., S. 100

Der Einsatz von Musik und Bewegung bei Kindern mit Hörbeeinträchtigungen ist in vielen Ländern relativ neu[27], so dass viele Eltern, die hörgeschädigt sind, keine Möglichkeit hatten, durch Musik- und Bewegungserziehung gefördert zu werden. Dies kann Probleme in der Unterstützung bringen, weil Eltern die Bedeutung dieser Förderung nicht schätzen können, weil sie es am eigenen Leib nicht erlebt haben. Es würde den Rahmen dieses Beitrags sprengen, auf den lang anhaltenden heftigen Methodenstreit zwischen der auditiv-oralen Methode und dem Unterricht in Gebärdensprache näher einzugehen. Ich bin der Meinung, dass die Kommunikationsform den jeweiligen Bedürfnissen und Möglichkeiten der Kinder angepasst werden muss.

2. Der Dialog zwischen der Hörgeschädigtenpädagogik und dem Orff-Schulwerk

Dieser Dialog begann vor über 45 Jahren. Dr. Karl Hofmarksrichter (u.a. Leiter der Taubstummenschule in Straubing) trat 1955 erstmals auf der Bundestagung der deutschen Taubstummenlehrer in München mit zwanzig gehörlosen Kindern auf, die gemeinsam auf Orff-Instrumenten musizierten und so aufeinander sensibilisiert und eingespielt waren, dass sie kaum einen Dirigenten brauchten.

Einige Hörgeschädigtenpädagogen (wie Braun, Breiner, Schmidt-Giovannini) erkannten, dass die verschiedenen Sinnesmodalitäten zusammenarbeiten, sich gegenseitig verstärken und unterstützen können.[28] Obwohl jeder Sinn eigenständig ist, können sie zu einer integrierten Wahrnehmung führen. Für die Hörgeschädigtenpädagogik bedeutete dies, dass man nicht nur mit dem Kind Lippenlesen übte, sondern z.B. auch mit einem Phonator, der mittels eines Geräts in der Hand auch Vibrationen der gesprochenen Wörter vermittelte. (Mittlerweile gibt es verschiedene Computerprogramme, mit denen z.B. die Stimmmelodie und der Sprachrhythmus trainiert werden können.)

---

[27] Eine Ausnahme stellt die Arbeit von Mimi Scheiblauer dar. Scheiblauer arbeitete schon in den den 20er Jahren mit Kindern mit Hörbeeinträchtigungen und war sowohl in diesem Bereich als auch in ihrer Arbeit mit Menschen mit geistiger Behinderung eine Pionierin.

[28] Braun, A. (1982): Die Einbettung des Hörens in die Gesamtsinnestätigkeit der hörgeschädigten Kinder als Bedingung für das Hörenlernen und die Entwicklung der Wahrnehmungstätigkeit

Personen mit profundem Hörverlust können „die Möglichkeiten ergänzender Wahrnehmungsbereiche ausschöpfen und Nutzen ziehen aus einem multisensorischen Ansatz, bei dem alternative sensorische Modalitäten verwendet werden; beispielsweise Seh- und Vibrationssinn als Substitution oder Ergänzung zum auditiven System."[29] Hier können auch non-akustische, vibrotaktile Kommunikationshilfen, die der Haut redundante oder komplementäre Information präsentieren, für verbesserte Klangperzeption hilfreich sein. Diese Möglichkeiten sind längst nicht ausgeschöpft. M. Prause (1995) beschreibt z.B. ein multisensorisches Klanglaboratorium (Multisensory Sound Lab), das von Oval Window Audio vor einigen Jahren in den USA entwickelt wurde und an der Gallaudet Universität für Gehörlose in Washington D.C. installiert wurde. Es wurde auch z.B. ein Hör-Fühl-Sessel an der York University, England entwickelt. Und die Anwendung einer Vibroakustischen Klangtherapie mit Soundbeam, Soundprocessor, Soundbox oder Soundbed befindet sich ebenfalls in der Entwicklung.[30]

In Zusammenhang mit Hofmarksrichters Arbeit schrieb Wilhelm Keller einige Jahre später, dass Elementare Musik „nicht nur ein Hörerlebnis, sondern etwas Umfassenderes, nämlich eine Integration von motorischen, visuellen und auditiven Erlebnisformen bedeutet, die auch nach Ausfall einer Komponente wirksam bleibt, wenn auch unter Verlagerung des Schwerpunktes im psychophysischen Aufnahme- und Aktionsbereich".[31] Für die Arbeit mit Kindern mit Hörschädigungen muss man auf jeden Fall auch den vibrotaktilen Sinn mit einbeziehen, denn dieser ist der Hauptsinn für Menschen, die hochgradig schwerhörig oder gehörlos sind, um Klänge und Geräusche wahrzunehmen.[32]

---

[29] Prause, M.C. (1995): Möglichkeiten eines multisensorischen Ansatzes in den USA zur Steigerung der Wahrnehmung von Musik, Klang und Sprache. In: Hörgeschädigten Pädagogik. Heidelberg 49. Jg. 1/1995, S. 33

[30] Vgl. auch den Beitrag "Begleitmusik" von Phil Ellis in diesem Buch.

[31] Keller, Wilhelm (1975): "Orff-Schulwerk in Musiktherapie und Heilpädagogik", in: G. Harrer (Hrsg.): Grundlagen der Musiktherapie und Musikpsychologie. Gustav Fischer Verlag, Stuttgart, S. 176

[32] Dazu Emanuelle Laborit: „Ich liebe auch den Bauch meines Vaters, abends, wenn er mit Freunden oder mit meiner Mutter diskutiert. Ich bin müde und lege mich neben ihn hin, den Kopf an seinen Bauch gelehnt, und spüre seine Stimme. Seine Stimme geht durch seinen Bauch, und ich fühle das Vibrieren. Das beruhigt mich, es ist wie ein Wiegenlied,

Es werden zwei Begriffe unterschieden: *Fühlmusik* und *Hörmusik*. Bei Gehörlosen spricht man von einer „Fühlmusik", die zum einen aus dem Kontaktfühlen (z.B. den Körperkontakt mit dem Boden, Lautsprecher, Luftballons oder Fellinstrumenten) besteht. Zum anderen aus dem Resonanzgefühl, bei dem Hohlräume des Körpers (z.B. im Brustbereich oder Bauch) mitschwingen und uns auf diese Weise die Vibrationen wahrnehmbar machen.[33] Luftballons wurden früher als „Freund der Taubstummen" bezeichnet, weil sie Vibrationen von Musik und Sprache sehr gut übertragen. Kinder können das Musikhören genießen, indem sie auf dem Boden liegen, oder einen Luftballon oder ein Instrument berühren.[34]

Hofmarksrichter hat beobachtet, dass im Gegensatz zu freischwingenden Tönen der Anschlagseffekt auf einer Trommel oder auf Xylophonen für Kinder, die gehörlos und hochgradig schwerhörig sind, gut wahrnehmbar ist. Diese Kinder benutzen aber nicht den auditiven, sondern den vibro-taktilen Sinn.[35] Er erkannte (1962), dass eine Erweiterung des Instrumentariums sinnvoll war. Völlig unabhängig entwickelte *Pater van Uden* in Michielsgestel, Holland seine rhythmisch-musikalische Arbeit, wobei er nicht mit Schlaginstrumenten, sondern mit speziell entwickelten Blasinstrumenten mit Keyboardtastatur ar-

---

bei den Vibrationen, wie ein Zählwerk in meinem Kopf, schlafe ich ein." (E. Laborit 1995, S.22)

[33] Evelyn Glennie berichtet, dass sie als Teenager schon neun Jahre lang Hörgeräte trug, die sie dann ablegte, weil diese eher nur die Lautstärke, aber nicht die Klangqualität verbesserten. Für ihr Musizieren und Percussions-Studium brauchte sie saubere, sehr differenzierte Klänge. Deshalb legte sie die Hörhilfen allmählich ab und konzentrierte sich auf das Hören, wie sie es dann verstand. „Ich entdeckte während eines längeren Zeitraums meinen Leib als Resonanzkörper, wie eine Orgelpfeife. Ich versuchte, buchstäblich mit meinem ganzen Körper die verschiedenen Töne und Klänge zu unterscheiden, nicht nur mit meinen Ohren." (2000, S.42-43)

[34] Emanuelle Laborit beschreibt dies so: „Er (der Onkel) will mich an der Gitarre teilhabn lassen und sagt, ich soll auf den Griff beißen. Ich beiße, und er beginnt zu spielen. Ich behalte den Griff stundenlang im Mund. Ich spüre alle Schwinungen im Körper, die hohen und die tiefen Töne. Die Musik dringt in mich, setzt sich dort fest und beginnt in meinem Inneren zu spielen." (1995 S.23)

[35] Mimi Scheiblauer erkannte schon in den 20er Jahren des 20. Jahrhunderts die Bedeutung des Vibrationssinnes und setzte diesen in ihren Rhythmikstunden bei Kindern mit Hörbeeinträchtigungen ein. Ob Scheiblauer und Hofmarksrichter voneinander wussten, geht aus den Schriften nicht hervor.

beitete. Unterschiedliche Klangerzeuger (Blas-, Streich- und Schlaginstrumente) wurden aber auch von *Clive und Carol Robbins* in Nordamerika und Australien verwendet. In Dänemark entwickelte *Claus Bang* für seine musikalische Sprachtherapie die großbass klingenden Stäbe weiter und musizierte mit Kindern und Jugendlichen auf einer große Palette von vor allem tiefklingenden Orff-Instrumenten. Das Klavier wurde aufgrund der sehr guten vibro-taktilen Möglichkeiten von zahlreichen Pädagogen eingesetzt. Die Entwicklung von vielen neuen Instrumenten[36] mit unterschiedlicher Klangerzeugung wie z.B. Klangstuhl, Klangwiege, Tischtrommel, Stampfröhre, Autoharfe und andere mehr öffnen neue Möglichkeiten für sogenannte Hörgeschädigte.

In allen diesen Ansätzen waren bestimmte Aspekte des Orff-Schulwerks für die pädagogische Arbeit mit hörgeschädigten Kindern wesentlich:

- Das Ansprechen mehrerer Sinne

- Aktives Tun statt passives Zuhören oder Zuschauen

- Der Umgang mit einem Instrumentarium, das auch für die Bedürfnisse von Menschen mit Hörgeschädigten ausgebaut wurde.

Paradigmen – Menschenbilder

In der Begegnung zwischen der Hörgeschädigtenpädagogik und dem Orff-Schulwerk wurden mir verschiedene Menschenbilder deutlich. Ich finde es sehr interessant, dass die Hörgeschädigtenpädagogik und das Orff-Schulwerk einander begegnet sind, denn sie haben für mich oft unterschiedliche Paradigmen. Andreas Fröhlich, der sich mit Paradigmen in der Heil- und Sonderpädagogik auseinandergesetzt hat,[37] schreibt: „Paradigmen sind also Einschätzungen, in welchem Kontext, in welchem Zusammenhang und auch in welchem Wirkungszusammenhang wir bestimmte Phänomene sehen."[38]

---

[36] Siehe dazu F. Scheu (1996): Innovative Ideen durch „Neue Instrumente". In: Musiktherapeutische Umschau 3-4, 1996

[37] A. Fröhlich: König Kunde oder Bettelmann. In: Behinderte 3/2000. Graz.

[38] a.a.O., S. 30

Behauptungen über das Denken und die Fähigkeiten von Gehörlosen wurden bis vor kurzem fast immer von Hörenden gemacht, die weder Kontakt zur Kultur der Gehörlosen noch Gebärdensprachkompetenz hatten. Sie gingen fast immer von einem defizitären Menschenbild aus. Wichtige Ausnahmen sind in den USA die Forschung und Publikationen von Harlan Lane[39] und Oliver Sacks[40] sowie Wissenschaftler, die Hörbeeinträchtigungen haben, wie Carol Padden, Tom Humphries[41] oder Ursula Bellugi[42]. Mittlerweile gibt es auch Publikationen von Wissenschaftlern anderer Länder.

Ausgehend von diesen Paradigmen wird die Ursache oder der Ursprung von einer Behinderung gesehen und bezeichnet. Diese Menschenbilder bestimmen bewusst oder unbewusst unser Handeln.

In der Hörgeschädigtenpädagogik wird Hörbehinderung sehr oft als nur Funktionsverlust, als Defekt oder Defizit gesehen. Zum Beispiel: der Ursprung von Funktionsverlust ist der Hörschaden – folglich ist die Aufgabe dann die Rehabilitation oder das „Funktionsfähig"-Machen des Hörgeschädigten. Eine andere Sicht sieht den Ursprung in der Diagnose und in der Kategorie, in die der hörgeschädigte Mensch gesteckt wird. Die Behinderung wird als Defekt oder Defizit gesehen und die Aufgabe ist eine persönliche medizinische.[43] Dagegen hat das Orff-Schulwerk ein humanistisches Menschenbild. Behinderung wird als Merkmal, individuell, persönlich und ohne Bewertung gesehen, etwas von Natur Gegebenes. Hier wäre unsere Aufgabe, in welchem Beruf auch immer, vor allem eine humanistische. Wenn wir nach diesem humanistischen Menschenbild handeln, kann unser Ziel nicht sein, Menschen mit schwerer Hörschädigung einfach zu Hörenden machen zu wollen.

---

[39] Harlan Lane (1988): Mit der Seele hören: Die Geschichte der Taubheit. München

[40] Oliver Sacks (1992): Stumme Stimmen – Reise in die Welt der Gehörlosen. Hamburg

[41] Carol Padden und Tom Humphries (1988): Deaf in America. Harvard University Press

[42] Oliver Sacks, der außerdem viele wissenschaftliche Publikationen verfasste, (1992) hält Ursula Bellugi für die überragende Expertin auf dem Gebiet der Linguistik und der Gebärdensprache mit vielen wissenschaftlichen Publikationen.

[43] Evelyn Glennie, die langsam vom achten zum zwölften Lebensjahr ertaubte, schreibt, dass sie genügend Zeit hatte, sich an die eigene Situation zu gewöhnen. Ihre Familie blieb äußerst normal und machte ihr Mut. Nur die Ärzte sagten „Du kannst dieses und jenes nicht tun." Das empfand Glennie als schlimmste „Medizin", die man jemandem verordnen kann. (Glennie 2000)

René Müller, ein Schweizer Hörgeschädigtenpädagoge, betont, dass eine Hörbehinderung Teil der eigenen Persönlichkeit sei. Sie soll von jeder betroffenen Person begriffen und in das Selbstbild eingefügt und integriert werden. Weiter ist die Identitätsfindung bei Schwerhörigen oft schwierig, und es besteht die Gefahr, dass sie sich an sogenannten normal Hörenden orientieren und ihre Schwerhörigkeit, die Teil ihrer Persönlichkeit ist, ignorieren.[44] Bei Gehörlosen kann die Identität in der kulturellen und spachlichen Minderheit oft Unterstützung finden, was meist stark von der Familie und ihrem Kontakt zur Gehörlosengemeinschaft abhängt.

---

[44] R. Müller: Aspekte der psychischen Situation hörgeschädigter Kinder. Vortrag 18.6.1994 in Mils. Veröffentlicht im Internet: http://bidok.uibk.ac.at/texte/aspekte.html

Paradigmata

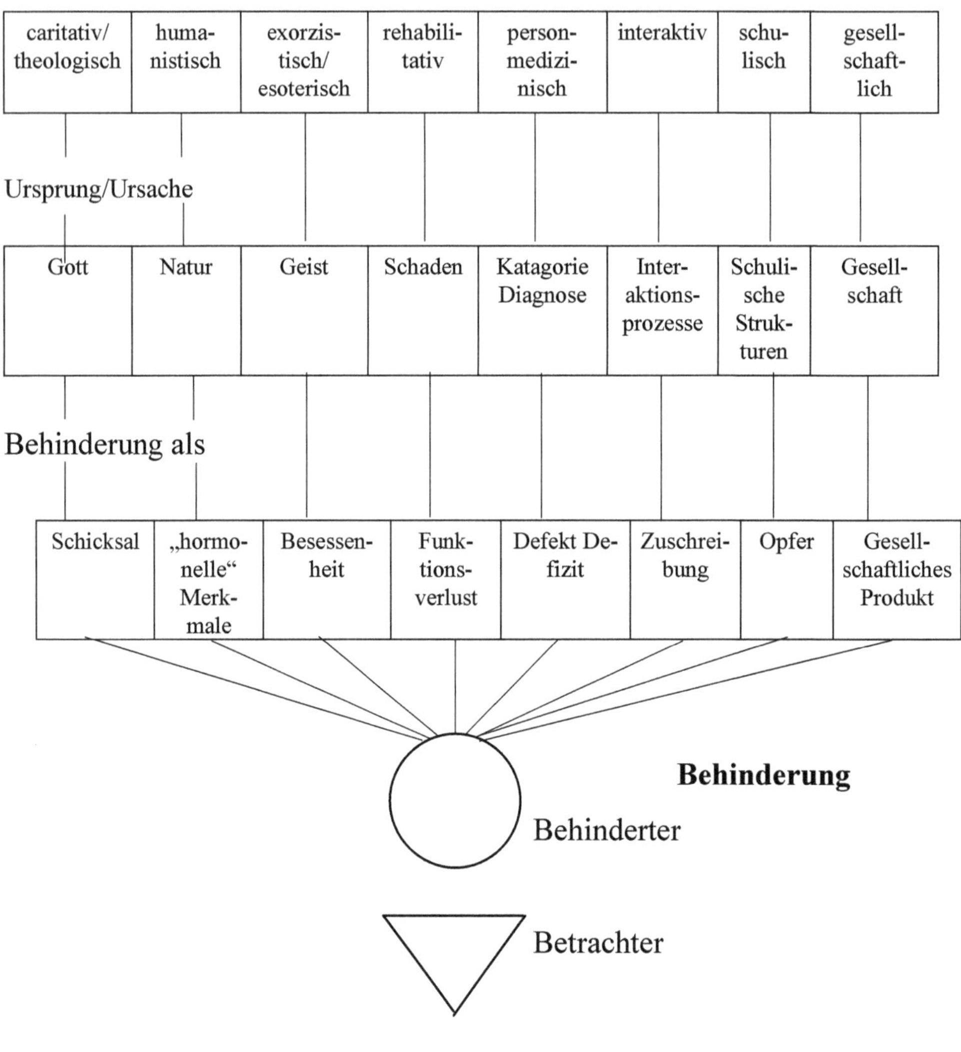

In einem kurzen Videobeispiel wurden Ausschnitte von einem beliebten Begrüßungslied „Hallo Kinder, wir sind da" mit einer Gruppe Kinder, die schwerhörig oder gehörlos sind, gezeigt. Das Lied wird gesungen und der Text mit Gebärden begleitet (es ist aber keine Gebärdensprache). Am Ende des Liedes improvisieren zwei Kinder miteinander auf zwei Congas. (Congas können von allen sowohl akustisch als auch vibratorisch wahrgenommen werden.) Es zeigt sich, dass es sehr unterschiedlich ist, wie die Kinder spielen, wie sie in Kontakt kommen, ob sie in Einklang sind, und wie sie einen Schluss finden.

Der Dialog zwischen der „Hörgeschädigtenpädagogik" und dem Orff-Schulwerk besteht natürlich nicht darin, dass man Stücke aus "Musik für Kinder" mit Kindern, die hörgeschädigt sind, nachspielt. Dadurch, dass es auf einem humanistischen Menschenbild basiert, ermutigt uns das Orff-Schulwerk, individuelles Potenzial zu entdecken und zu verstehen, statt nur funktionelle Verbesserungen des Hörens, der Lautsprache oder Motorik zu unterstützen. Mit diesem humanistischen Menschenbild und mit unseren Medien kann und soll die ganze Persönlichkeit des Kindes - auch des hörgeschädigten Kindes - angesprochen, vorhandene Fähigkeiten entdeckt und diese Potenziale aktiviert werden. Nicht nur musikalische und tänzerische Fähigkeiten, sondern auch das Potenzial an Bewegungsfähigkeit, an Empfindungen und an seelischem Ausdruck, sozialem Kontakt, an Möglichkeiten zur Besinnung und Sammlung.[46]

3. Brauchen hörgeschädigte Kinder in integrativen Gruppen besondere Methoden und Inhalte?

Durch Musik und Tanz können bestimmte nicht-muskalische und nicht-tänzerische Bereiche gefördert werden wie Wahrnehmung; Sprach- und Sprechfähigkeit; Motorik; Körperbewusstsein u.v.m. Wichtig ist aber auch, dass Kindern mit Hörschädigungen auch ein Zugang zu Musik und Tanz ermöglicht wird, um sie als künstlerische Formen zu erleben und sie für den eigenen künstlerischen Ausdruck verwenden zu können.

---

[46] Petzold, H. (1979): Psychotherapie und Körperdynamik. Paderborn, S. 343

Für meine Arbeit in integrativen Gruppen habe ich viele Hinweise bei Wilhelm Keller gefunden. Mit seinen Gedanken und Forderungen war er der Integrationsbewegung Jahre, wenn nicht Jahrzehnte, voraus. Dazu gibt es für mich starke Parallelen mit der Arbeit von Georg Feuser. Nach Feuser bedeutet Integration pädagogisch (in gleicher Weise für Kindergarten und Schule), dass

alle Kinder und Schüler (ohne Ausschluss behinderter Kinder und Jugendlicher wegen Art und /oder Schweregrad einer vorliegenden Behinderung)

- **in Kooperation miteinander**

- **auf ihrem jeweiligen Entwicklungsniveau** nach Maßgabe ihrer momentanen Wahrnehmungs-, Denk- und Handlungskompetenzen

- **an und mit einem „gemeinsamen Gegenstand"** (Projekt / Vorhaben / Inhalt / Thema)

- **spielen, lernen und arbeiten**[47].

Integration ist kooperative (dialogische, interaktive, kommunikative) Tätigkeit im Kollektiv.

Nach Feuser ist es erforderlich, dass Kindergärten und Schulen für alle so gestaltet werden, dass jedes Kind / jede/r SchülerIn ohne sozialen Ausschluss und ohne persönliche Etikettierung als „defekt", „abweichend" oder „behindert" seinen / ihren individuellen Voraussetzungen gemäß umfassend gefördert und unterrichtet wird.

Nach Feuser bedarf die Realisierung von Integration zweier Aspekte, die in der Arbeit von Wilhelm Keller (aber auch bei Wolfgang Stange und im Projekt Spiel-Raum-Musik) zu finden sind. Diese sind genauso für die musikalisch-tänzerische Arbeit mit Kindern mit Hörbeeinträchtigungen von Bedeutung:

---

[47] Feuser, G. (2000): Thesen zu: „Gemeinsame Erziehung, Bildung und Unterrichtung behinderter und nichtbehinderter Kinder und Jugendlicher in Kindergarten und Schule (Integration)" veröffentlicht im Internet: http://bidok.uibk.ac.at/texte/thesen.html

- <u>die Kooperation am gemeinsamen Gegenstand</u>
  (Projekt /Vorhaben /Inhalt / Thema)

  Menschen sollen zusammen an einer Sache arbeiten, die *allen* zugänglich gemacht wird und von der niemand (z.B. wegen Art und Schwere seiner Behinderung) ausgeschlossen wird.[48]

- <u>die innere Differenzierung durch Individualisierung</u>
  Jedes Kind (jeder Mensch) soll auf der Ebene seines jeweiligen Entwicklungsniveaus lernen können. Dies eröffnet ihm den Zugang, befriedigt seine Bedürfnisse, Motive und Interessen und bietet ihm Handlungsmöglichkeiten[49].

Die Kooperation am gemeinsamen Gegenstand (Projekt/Vorhaben/Inhalt/ Thema) bedeutet für mich, dass wir uns **Kommunikationsformen und Vermittlung** sehr gut überlegen müssen, damit die Inhalte und Aufgaben wirklich allen Kindern zugänglich gemacht werden können. Dies kann rein verbal oder verbal mit begleitenden oder unterstützenden Gebärden, oder ausschließlich in Gebärdensprache bis zu Pantomime oder anderen non-verbalen Kommunikationsformen geschehen. Unterschiedliche visuelle Hilfen (Bilder, Karten etc.), aber auch Objekte und Materialien können unterstützen. Die Form der Kommunikation richtet sich natürlich nach den Bedürfnissen und Möglichkeiten der Gruppe.

Zu den inhaltlichen Überlegungen möchte ich nur einige Bereiche herausgreifen.

Instrumente

Ich habe schon oben darauf hingewiesen, dass die Möglichkeiten der Klangwahrnehmung bei Menschen mit einer Hörschädigung durch das Vibrationsempfinden unterstützt werden. Die Verbindung von Klang und Bewegung wird

---

[48] Feuser, G. (1990)

[49] a.a.O.

für kleine Kinder mit Hörbeeinträchtigungen am deutlichsten, wenn sie ihre eigenen Bewegungen gleichzeitig mit einem Instrument begleiten.

Evelyn Glennie z.B. akzeptiert die Meinung nicht, dass Gehörlose kein Musikinstrument lernen und spielen könnten. Sie möchte Kindern Mut machen und von diesem Stigma befreien. „Sie spielen Musik wie jedes andere Kind, das sich für Musik interessiert". Nicht in allen Lehrplänen ist Musikunterricht oder rhythmisch-musikalische Erziehung für sogenannte gehörlose Kinder vorgesehen. Die Möglichkeit, Instrumentalunterricht zu bekommen, ist kaum gegeben. Meiner Meinung nach wären diese Angebote für sogenannte gehörlose Kinder besonders wichtig.

Bei sogenannten Schwerhörigen spielen Vibrationen eine weniger große Rolle in der Musikwahrnehmung. Konsequenzen für das gemeinsame Musizieren ergeben sich folglich in der Auswahl der Instrumente, die für den Spieler möglichst gut wahrnehmbar sein sollen. Beim metrisch-gebundenen Spielen im Ensemble ist ein Dirigent oft weniger effektiv. Da alle Kinder die Vibrationen der tieferen Frequenzen wahrnehmen, kann das Metrum effektiver auf einem Bassklangstab oder einer Pauke gespielt werden.

Bauen die Kinder oder Jugendlichen Instrumente selber, so können sie dabei neue und wichtige Erfahrungen machen. Sie kommen in direkten Kontakt mit dem Rohmaterial, mit der Basis. Sie erleben den Klang multi-sensorisch, beschäftigen sich mit der Erzeugung des Klanges, experimentieren, entdecken, bauen und entwickeln dabei eine andere Art von Beziehung zu den Materialien und zu „ihren Instrumenten". In einwöchigen Instrumentenbau-Projekten mit zwei Kollegen konnten wir äußerst positive Erfahrungen machen. Die Motivation, Konzentration, Ausdauer, Geschicklichkeit und Phantasie der Kinder waren oft erstaunlich.

Materialien:

Spielmaterialien in Verbindung mit Klang, Bewegung und Sprache können für Kinder mit einer Hörschädigung wichtige Funktionen übernehmen:

<u>Belebung und Bereicherung der Spielsituation</u>. Der Aufforderungscharakter verschiedener Materialien kann motivieren, aktivieren, ermutigen sowie Lernanreize anbieten. Neue sinnliche Erfahrungen können gemacht und die Gesetz-

mäßigkeit des jeweiligen Materials, die Möglichkeiten und Grenzen erfasst werden. Diese Erfahrungen sind unabhängig von der Lautsprachkompetenz.

<u>Schulung verschiedener Fähigkeiten</u> wie z.B. die Sinneswahrnehmung, das Reaktionsvermögen, die Raumerfassung, die Orientierung, das Gedächtnis, die Geschicklichkeit (Behutsamkeit, Fein- und Grobmotorik, Gleichgewicht), das Formempfinden (legen/zeigen, merken, nachmachen), das Ordnen (unterscheiden, vergleichen, zuordnen nach Farben, Formen, Klängen, Geräuschen, Oberfläche...).

<u>Förderung von Kommunikation und Interaktion:</u> Materialien und Instrumente sind ein *Handlungsmedium*, das eine Brücke zwischen der eigenen Innen- und Außenwelt schaffen kann (Eindruck - Ausdruck). Dabei steht Sprache nicht im Vordergrund. Materialien können ein *Mittel* zum Kontakt, zur Begegnung, zur Kommunikation sein.

<u>Förderung von Kreativität und Phantasie:</u> Kreativität und Phantasie können angeregt werden (einzeln, zu zweit, in Gruppen) in Verbindung mit Musik- und Bewegungsimprovisation und in Verbindung mit Konstruktionen, Formen oder Mustern.

Bewegung und Tanz

Ein wesentliches Arbeitsprinzip bei Kindern mit Hörschädigungen ist für mich, sie körpernah agieren zu lassen. Manche dieser Kinder entwickeln hervorragende tänzerische oder pantomimische Fähigkeiten. Aber aufgrund der Hörschädigung und fehlender oder mangelhafter Bewegungserfahrungen haben diese Kinder nicht immer eine gute Beziehung zu ihren Körpern. Ihr Körperbewusstsein ist manchmal unterentwickelt. Nach Frostig steht das Körperbewusstsein in Zusammenhang mit der Ich-Identität und ist eine wesentliche Voraussetzung für eine normale seelische und körperliche Entwicklung[50]. "Vom Körper aus", "aus der inneren Bewegung", "mit dem inneren Rhythmus" sind wichtige Hinweise. In diesem Zusammenhang finde ich die Arbeit der

---

[50] Marianne Frostig (1985, S.44) Frostig unterscheidet zwischen Körperimago, Körperschema und Körperbegriff.

schon verstorbenen Veronika Sherborne „Developmental Movement"[51] sehr anregend. Sherborne betonte die Entwicklung von Körperbewusstsein. Kinder sollen das Gefühl bekommen, in ihren eigenen Körpern "zu Hause" zu sein. Andererseits wird der Aufbau von Beziehungen - zu sich selbst und zu anderen - über Körperarbeit (ohne Musik) angestrebt. Dieser Ansatz scheint mir für viele Kinder wertvoll, weil er das Hören (und Sprechen) nicht in den Mittelpunkt stellt. Die Kinder können dabei grundlegende Erfahrungen in integrativen Gruppen machen.

Beim *Tanzen* gibt es Grenzen in der Anwendung von Musik. Man muss die Funktion und die Art der Musik genau hinterfragen und sie nicht für uns Hörende, sondern für die tanzenden hörgeschädigten Kinder einsetzen oder auch nicht. (Es gibt auch genügend Beispiele von verschiedenen Tanzrichtungen, die Musik nicht verwenden). Die Tänzerin Naomi Benari, die in England mit gehörlosen Kindern arbeitet, hat sich mit dem Begriff „Inner Rhythm" (innerer Rhythmus) auseinandergesetzt.[52] Ausgehend von der Annahme, dass gehörlose Kinder weder Musik, noch Metrum noch rhythmische Variationen wahrnehmen können, will Benari den Kindern Rhythmen im Körper bewusster machen, damit sie dann den Rhythmus, die Dynamik, den Atem und die Phrasierung jeder Tanzbewegung besser wahrnehmen können. Der Tanz muss nicht von Musik aus der Konserve entstehen, sondern aus dem inneren Rhythmus. Klang (Vibration) und Bewegung können als Einheit erlebt werden, z.B. wenn die Kinder sich im Raum bewegen und dabei gleichzeitig Instrumente spielen.

„Rhythmus kann man nur lösen, entbinden. Rhythmus ist kein Abstraktum, Rhythmus ist das Leben selbst. Rhythmus wirkt und bewirkt, er ist die einigende Kraft von Sprache, Musik und Bewegung."[53]

---

[51] V. Sherborne (1990): Developmental Movement for children - mainstream, special needs and pre-school. Cambridge, UK. Siehe dazu auch das im Buch erwähnte Video "Good Companions"

diess. (1998): Beziehungsorientierte Bewegungspädagogik. E. Reinhardt, München

[52] N. Benari (1995): Inner Rhythm. Harwood Academic Publishers. Chur, Schweiz + Begleitvideo.

[53] Orff. Dokumentation III, Tutzing, S. 17

Stimme/Sprache:

Kinder mit Hörschädigungen singen gern. Sie können sowohl den Rhythmus eines Liedes lernen als auch das „Auf und Ab" der Melodie. Meist können sogenannte Gehörlose ihre Stimme auditiv nicht überprüfen. Sie können nicht wahrnehmen, ob sie die gleichen Töne singen wie andere oder den gleichen, den ein bestimmtes Instrument spielt. Für uns Hörende klingt das Gruppensingen manchmal wie ein Cluster, das sich rhythmisch mit der Melodie auf und ab bewegt. Das gemeinsame Singen, aber auch Kanons mit Stimme, mit Instrumenten und/oder Bewegung sind gut möglich.

Für hörgeschädigte Kinder kann aber die Sprache, die gehörte Lautsprache, wie wir sie aus Reimen und Liedern kennen, nicht immer der Ausgangspunkt sein. Falls wir Reime, Verse oder Lieder nehmen, ist es oft sinnvoll, den Rhythmus dem natürlichen Sprachrhythmus anzugleichen. Wir können aber genauso von Gebärden- oder Bewegungsspielen ausgehen; (in den USA gibt es z.B. auch Gebärdengedichte). Sehr gut brauchbar sind Lieder mit Texten, die sich gut variieren lassen. Die Frage der Form bleibt immer offen. Wir können Texte mit Gebärden[54] begleiten, oder Teile des Stückes nur in Gebärde (mit eigener Grammatik) gestalten, usw. Hier bieten Spiellieder eine große Palette von Aktivitäten an, die unterschiedliche Schwerpunkte in der inhaltlichen Gestaltung haben können.

Schluss

Es erscheint mir außerordentlich wichtig, dass die Inhalte, die wir für Kinder mit Hörschädigungen aussuchen und entwickeln, nicht blasse Kopien von Stücken für Hörende sind. Wir müssen zum Begriff des **Elementaren Musizierens und Tanzens** zurückkehren – zu dem Potenzial, das in jedem Menschen angelegt ist.[55] Mit diesem Potenzial, mit den individuellen Möglichkeiten und Kompetenzen können wir mit Einzelnen oder in der Gruppe passende Inhalte

---

[54] Diese Art ist in den USA sehr populär geworden (auch für Kinder mit verschiedenen Behinderungen), so dass es auch einige Liederbücher mit Gebärden gibt.

[55] Mimi Scheiblauer stellt in ihrem Film „Ursula oder das unwerte Leben" fest: „die Fähigkeit zu gestalten ist in jedem Menschen vorhanden."

entwickeln. Musizieren und Tanzen mit Gehörlosen könnte eine Art Zwangsbeglückung sein, wenn man versuchte, Menschen mit einer Hörschädigung das Gleiche anzubieten wie Hörenden und sie dann nach dem Bild des Hörenden formen zu wollen. Es kann aber bedeuten, mit ihnen die vielseitigen Möglichkeiten von Musik und Tanz zu entdecken. Menschen mit einer Hörschädigung haben genauso ein Recht auf Musik und Tanz, auf ihre eigenen Erlebnisse, Erfahrungen, Handlungs- und Gestaltungsmöglichkeiten.

Menschen mit Hörschädigungen haben die gleichen Bedürfnisse wie alle anderen nach musischen Erfahrungen, nach Tanz, nach Rhythmus, nach dem Gemeinsamen, nach kreativem Ausdruck. Die Herausforderung für uns ist es, Rahmen für diese Erfahrungen zu gestalten[56]. Nur im Dialog können wir erfahren, was gebraucht wird. Nur im Dialog können wir miteinander verschiedene Inhalte und Methoden entwickeln. Wir können diese Wege nur gemeinsam gehen.

Literaturauswahl

Ahrbeck, B (1997): Gehörlosigkeit und Identität: Probleme der Identitätsbildung Gehörloser aus der Sicht soziologischer und psychoanalytischer Theorien. Signum, Hamburg

Benari, N. (1995): Inner Rhythm - Dance Training for the Deaf. Harwood Academic Publishers. Chur, Schweiz & Begleitvideo

Braun, A. (1982): Die Einbettung des Hörens in die Gesamtsinnestätigkeit der hörgeschädigten Kinder als Bedingung für das Hörenlernen und die Entwicklung der Wahrnehmungstätigkeit. In: Hörgeschädigten Pädagogik 36. Jg. August 1982. Julius Groos Verlag Heidelberg

---

[56] Clive und Carol Robbins (1980) entwickelten ein Musik-Curriculum für hörgeschädigte Kinder in Nordamerika, und unterschieden acht Bereiche: Singen; Instrumente in der Klasse; Musik lesen; musikalisches Hörtraining; Instrumentalunterricht; Bewegung und Tanz; Wissen über Musik; Geschichten und Theaterstücke mit Musik.

Brunner-Danuser, F. (1984): Mimi Scheiblauer. Musik und Bewegung. Atlantis Musik-Buchverlag

Ellis, Phil (1997): Soundbox manual, The Soundbeam Project. Bristol, England

Feuser, G. (1990): Grundlagen einer integrativen Pädagogik im Kindergarten und Vorschulalter. In: Behinderte in Familie, Schule und Gesellschaft, 13. Jg. 1/1990, Graz

Feuser, G. (1999): Integration – eine Frage der Didaktik einer Allgemeinen Pädagogik. In: Behinderte in Familie, Schule und Gesellschaft, 22. Jg. 1/1999, Graz

Feuser, G. (2000): Thesen zu: „Gemeinsame Erziehung, Bildung und Unterrichtung behinderter und nichtbehinderter Kinder und Jugendlicher in Kindergarten und Schule (Integration)"; im Internet veröffentlicht bei bidok: http://bidok.uibk.ac. at/ texte/thesen.html

Fröhlich, A. (2000): König Kunde oder Bettelmann. Die neuen Paradigmen. In: Behinderte 3/2000. Graz

Frostig, M. (1985): Bewegungserziehung – Neue Wege der Heilpädagogik. Ernst Reinhardt Verlag, München 1980

Glennie E. (2000): Interview in: Hörgeschädigten Pädagogik. Julius Groos Verlag, Heidelberg 1/2000 S. 40-45

Hofmarksrichter, K. (1963): Orff Schulwerk bei Gehörlosen. In: Orff Schulwerk Jahrbuch 1963. Salzburg

Hofmarksrichter, K. (1964): Rhythmisch-musikalische Erziehung bei hörgeschädigten Kindern. In: Hörgeschädigte Kinder 2/1964 Mühlheim

Keller, Wilhelm (1975): "Orff-Schulwerk in Musiktherapie und Heilpädagogik", in: G. Harrer (Hrsg.): Grundlagen der Musiktherapie und Musikpsychologie. Gustav Fischer Verlag, Stuttgart

Laborit, E. (1995): Der Schrei der Möwe. Gustav Lübbe Verlag, Bergisch Gladbach

Lane, H. (1988): Mit der Seele hören: Die Geschichte der Taubheit. Hanser Verlag, München und Wien

Müller, René (1994): Aspekte der psychischen Situation hörgeschädigter Kinder. Vortrag in Mils am 18.6.1994; veröffentlicht im Internet: bidok@uibk.ac.at

Padden, C. und T. Humphries (1988):   Deaf in America. Harvard University Press

Petzold, H. (1979): Psychotherapie und Körperdynamik. Junfermann Verlag, Paderborn

Popper K. & K. Lorenz (1985): Die Zukunft ist offen. Piper, München

Prause, M.C. (1995): Möglichkeiten eines multisensorischen Ansatzes in den USA zur Steigerung der Wahrnehmung von Musik, Klang und Sprache. In: Hörgeschädigten Pädagogik. Heidelberg 49. Jg. 1/1995

Robbins C. und Robbins C. (1980) Music for the Hearing Impaired. A recourse manual and curriculum guide. Magnamusic - Baton, USA

Sacks, O. (1992): Stumme Stimmen. Reise in die Welt der Gehörlosen. Rowohlt Taschenbuch Verlag, Reinbek bei Hamburg

Salmon, S. (1992): Musik und Bewegung mit schwerhörigen Kindern in Kooperationsklassen. In: Orff Schulwerk Informationen 50. Orff-Institut / Orff-Schulwerk Forum, Salzburg

Salmon, S. (1993) Integratives Spielen und Lernen. In: Lebensqualität und Heilpädagogik. Kongressbericht des 9. Heilpädagogischen Kongresses 18. – 20.6.1992 Innsbruck.. Verlag Kaiser

Scheiblauer, M. (1965) Bewegung und Musik als Erziehungs- und Bildungshilfe in der Heilpädagogik. Vortrag gehalten am Centenaire Jaques-Dal-croze. 9. – 14.8.1965 in Genf. In: Rhythmik in der Erziehung. 18. Jg., 1/1991, Heckner, Wolfenbüttel

Sherborne V. (1990): Developmental Movement for children - mainstream, special needs and pre-school. Cambridge, UK. Siehe dazu auch das im Buch erwähnte Video "Good Companions"

Sherborne V. (1998): Beziehungsorientierte Bewegungspädagogik. E. Reinhardt, München

Spitz, R. (1982): Vom Dialog – Studien über den Ursprung der menschlichen Kommunikation und ihre Rolle in der Persönlichkeitsbildung. Klett-Cotta, Frankfurt/Main

WAHRNEHMEN
UND VERSTEHEN

Beziehungsqualitäten des Zusammenspiels

Zur Indikation Musiktherapie

Karin Schumacher

Pädagogik-Therapie

Ein videographierter Therapieausschnitt aus der Arbeit mit einem seelisch deprivierten, geistig- und damit sprachbehinderten Kind mit auto- und fremdaggressiven, aber auch autistischen Verhaltensweisen wird bzgl. seiner Qualität des Zusammenspiels analysiert. Die Notwendigkeit eines therapeutischen Vorgehens gegenüber erzieherischer und pädagogischer Maßnahmen wird erläutert.

Marian wurde als Kind einer geistig behinderten Mutter nach seiner Geburt in ein Kinderheim gebracht. Nach zwei Monaten nahm ihn eine Familie zu sich, die ihn jedoch sehr bald wieder in ein weiteres Heim zurückbrachte. In den folgenden acht Jahren hatte Marian elf solcher Ortswechsel erlebt, bevor er eine Familie fand, die ihn entsprechend unterstützt und längerfristig behalten sollte. Marian wirkt ständig getrieben und überwältigt von destruktiven Impulsen. Schnell und enorm hart schlägt er im Vorbeigehen zu. Dieses meist unerwartete und daher wie eine hinterhältige Handlung empfundene Schlagen ist mit einem eingefrorenen Lächeln verbunden und löst bei jedem von uns Wut und Aggression aus. Wird er gerügt, reagiert er mit selbstverletzendem "In-die-Hand-Beißen". Diese blitzschnelle autoaggressive Handlung ist durch nichts zu verhindern und versetzt uns alle in angespannte Hilflosigkeit. Seine unkontrollierbaren Affekte verhindern jegliches Spiel und stören die angebotenen Lernsituationen. Das Schlimmste aber ist die zunehmende Isolation, in die das Kind gerät.

Marian kann sich bei dieser hohen destruktiven Affektlage auf keine Anforderung von außen einlassen. Der Aufforderung: "Komm her! Schau her! Schau, was ich dir mitgebracht habe! Mach doch mit!", auch wenn diese Aufforderungen averbal erfolgen, führen zu keiner positiven Reaktion. Er nimmt zunächst derartige Angebote scheinbar nicht wahr, und da er ständig lächelt, wirkt sein Nichtreagieren wie eine Provokation. Man gerät in eine äußerst unangenehme Gefühlslage, wird selbst aggressiv und möchte diesem Kind eigentlich aus dem Wege gehen. Auch die anderen Kinder hatten es schwer mit ihm. Wer will sich denn in der Nähe eines solchen Kindes aufhalten, wer mit ihm spielen oder etwas Gemeinsames tun?

Fassen wir Marians Schwierigkeiten zusammen, so sind es in erster Linie sozio-emotionale Probleme, die hier besonders ins Auge fallen. Wäre er "nur" geistig behindert, aber nicht so beziehungsgestört, könnte er einem Unterricht oder einer anderen Fördersituation, die sein kognitives Entwicklungsniveau berücksichtigt, folgen.

Marians verbale Ausdrucksnot wird durch das Gefühl, isoliert zu sein, verstärkt. Die Symptomatik steigert sich in einem circulus vitiosus und die tiefgreifende Entwicklungsstörung bleibt bestehen. Man kann im Alltag vor allem in Gruppensituationen sein Verhalten nur schlicht verbieten, in pädagogischen Lernsituationen, konnte man ihn nur "in Schach halten", aber seine emotionale Problematik nicht "behandeln". Die für die Entwicklung basale Fähigkeit, eine positive zwischenmenschliche Beziehung herstellen zu können, muss erst entwickelt werden.

Therapie ist dort indiziert, wo die pädagogischen und erzieherischen Methoden nicht angenommen werden können, wo die Fähigkeit des Explorierens, des Mit- und Nachmachens und die Spielfähigkeit gestört sind[57].

Welche entwicklungsfördernden Bedingungen müssen hier geschaffen werden? Das therapeutische Setting: Es muss ein Rahmen geboten werden, in dem das Kind so sein darf, wie es zunächst ist, in dem es in seinem So-Sein angenommen werden kann. Therapie hat die Möglichkeit und die Aufgabe, Bedingungen zu schaffen, die es ermöglichen, dem Problem des Kindes nachzugehen. Die erste Aufgabe ist, ein Verhalten, eine Symptomatik zu verstehen, statt sie unterdrücken und unterbinden zu müssen. Das methodische Vorgehen orientiert sich am Kind und kann deshalb zunächst auch nur in einer Einzelsitua-

---

[57] *Schumacher 1994 b*

tion erfolgen. Der Raum und der Therapeut müssen so ausgestattet sein, dass sie dem destruktiven Verhalten des Kindes unverletzt standhalten, um es in einem gewissen Rahmen "erlauben" zu dürfen. Der Therapeut und die Instrumente müssen der destruktiven Kraft des Kindes gewachsen sein, so dass das angebotene Ausdrucksmaterial zur Verfügung steht und möglichst keine Verbote ausgesprochen werden müssen. Dieses Setting muss bei so schwer gestörten Kindern langfristig und verlässlich angeboten werden.

Um ein Problem ändern zu können, muss zunächst ein Problembewusstsein geschaffen werden. Wie ermögliche ich dem Kind (hier einem Kind mit geistiger Behinderung), ein gewisses Gewahrwerden seines emotionalen Zustandes und des daraus resultierenden Verhaltens? Wie ermögliche ich "Einsicht" bei einem Menschen, der kognitiv-emotional dazu nicht in der Lage ist, diese Leistung zu vollbringen?

Bevor ich weitere methodische Überlegungen anstelle, ist eine Einschätzung der Beziehungsfähigkeit des Kindes eine wichtige Voraussetzung.

Einschätzung der Beziehungsqualität in der Musiktherapie

Einschätzung der Beziehungsqualität ist aus diagnostischen, vor allem aber aus methodischen Gründen wichtig und gibt einen klaren Hinweis, wo und wie lange musiktherapeutisches Vorgehen indiziert ist.

Wie zeigt sich die Symptomatik des Kindes in der Musiktherapie? Der körperlich-emotionale Zustand lässt sich an der Mimik, Gestik und dem Blick, an der ganzkörperlichen Haltung im Raum und der taktilen Kontaktnahme zur Therapeutin ablesen. Die Art und Weise, wie auf Musikinstrumenten "gespielt" wird, wie ein angebotenes Muskinstrument gehandhabt wird sowie die stimmliche Äußerung und Reaktivität geben Aufschluss über die zwischenmenschliche Beziehungsqualität.

Ein wesentlicher Aspekt einer entsprechenden Einschätzung ist die Gegenübertragung, die sich in der therapeutischen Arbeit beim Erwachsenen einstellt. Welche Gefühle löst Marian aus, wenn man versucht, sich in ihn einzufühlen? Der hohe Affektdruck und die destruktiven Handlungen bringen mich in eine angespannte Haltung. Ich muss mich vor weiteren Attacken schützen und bleibe sozusagen in Habachtstellung. Nur wenn ich mich ganz auf ihn einstelle, d.h. sein Thema erfasse, seinen Affekt in mich aufnehme, ist eine Verbindung möglich. Ich habe zunächst keine Möglichkeit, mich mit eigenen Ideen einzubringen, sondern stelle mich ganz dem Kind zur Verfügung. Sich in den Dienst eines anderen Menschen zu stellen, sich quasi funktionalisieren zu lassen, ist eine therapeutische Haltung, die gelernt und ausgehalten werden muss. Einen hohen aggressiven Affekt aufnehmen und ihn in eine musikalische Gestalt führen, gehört zu den besonders schwierigen Aufgaben.

Ich nenne die sich hier zeigende Beziehungsqualität "funktionalisierend", da zunächst noch kein Spielraum zwischen Kind und Therapeut spürbar ist. Das Instrument wird zum Schlagen und nicht zum Spielen verwendet. Therapeutin und Instrument dienen dem Kind und halten seinem emotionalen Druck stand. Die Stimme drückt seelische Not aus, sie ist dem Schrei näher als dem Gesang und zeigt keine Modulationsmöglichkeit. Die körperlichen Zeichen: Körperhaltung, kontrollierender Blick, die immer wieder drohende Auto- und Fremdaggression, ein sogenanntes "falsches Lächeln" sprechen für die angespannte Affektlage, in der sich das Kind befindet.

Wo steht ein Kind in seiner Entwicklung, wenn es nur in dieser den Anderen funktionalisierenden Weise Beziehung herstellen kann? Kann man ein derartig gestörtes Verhalten in der normalen Entwicklung wiederfinden?

Die sieben Modi

Aus der Erfahrung mit schwer kontaktgestörten Kindern und in Anlehnung an das Stern'sche Selbstkonzept[58] habe ich in Zusammenarbeit mit der Entwicklungspsychologin Claudine Calvet-Kruppa ein Einschätzungsinstrumentarium entwickelt[59], das den Verlauf musiktherapeutischer Arbeit bestimmen hilft.

Es werden sieben Beziehungsmodalitäten unterschieden, die ich kurz bezogen auf unser Fallbeispiel erläutere:

---

[58] Stern, D. (1985): The Interpersonal World of the Infant; New York: Basic Books; deutsch: Stern, D. (1992): Die Lebenserfahrung des Säuglings, Stuttgart: Klett

[59] Schumacher, 1999/2000, Schumacher/ Calvet-Kruppa, 1999

Kontaktlos (Modus 0) ist Marian nicht. Er zeigt von Anfang an Kontaktreaktionen (Modus 1) und vor allem aber ein die Umwelt funktionalisierendes Verhalten (Modus 2), das er sichtlich noch nicht mit sich in Verbindung bringt. Er wirkt seinen instabilen und aggressiven Affekten ausgeliefert.

Um ihm eine Chance zu geben, beziehungsfähiger zu werden, muss er zunächst ein Empfinden seiner Selbst (Modus 3) bekommen, seinen eigenen Affekt mit sich in Verbindung bringen, d.h. integrieren lernen. Ein Gewahrwerden der Außenwelt ist erst bei einem gewissen Selbstempfinden möglich. Kontakt zum Anderen (Modus 4) kann sich erst entwickeln, wenn Sicherheit über die eigene Existenz besteht. Eine dialogische Beziehung i.S. des gegenseitigen Austausches (Modus 5), ein gemeinsames Spiel und die damit verbundene Freude (Modus 6) können sich nur auf der Basis vorangegangener Entwicklungsstufen einstellen.

Die Fähigkeit, dem Anderen eigene Wünsche, Gedanken und Gefühle zuzuschreiben, wird beim normal entwickelten Kind erst gegen Ende des ersten Lebensjahres möglich und ist bei Marian noch nicht spürbar. Daraus entsteht m. E. dieses Gefühl, selbst als Person nicht wirklich wahrgenommen zu werden.

Das Stern'sche Selbstentwicklungskonzept

Erkenntnisse der Säuglingsforschung zur Selbst- und damit Beziehungsentwicklung des Menschen im ersten Lebensjahr geben Aufschluss, welche Defizite ein Kind mit dieser Geschichte hat, welche Defizite vermutlich zu diesem spezifischen Ausdruck geführt haben und weshalb Musiktherapie hier helfen kann.

Die Säuglingsforscher wie Daniel Stern[60] und Mechthild Papoušek[61] bestätigen, dass nur durch die frühe Erfahrung von Resonanz und "Affektabstimmung" durch einen anderen Menschen das Kind ein Gefühl seiner Affekte, seines Körpers und seines subjektiven Selbst entwickeln kann. Normalerweise haben Eltern die intuitive Begabung und das Bedürfnis, ihrem Kind dieses

---

[60] Daniel Stern (1985/1992) Die Lebenserfahrung des Säuglings
[61] Papoušek, M.(1994): Vom ersten Schrei zum ersten Wort

Empfinden "zu sein, da zu sein, ja sogar eine Freude für sie zu sein" in Form von Resonanz spürbar und damit erfahrbar zu machen. Ein Mensch, der keine feinfühlige Abstimmung seiner Gefühlswelt erleben konnte, kann sich nicht nur kein Bild seiner eigenen Affektivität machen, sondern auch kein Bild seines Gegenübers. Er erwartet nicht, getröstet oder in anderen Affektzuständen von einem anderen Menschen "reguliert" zu werden. Er geht nicht davon aus, dass sein Gegenüber auch Gefühle, Wünsche und Gedanken hat, die es auszutauschen gilt, um den starken Affekten wie z.B. auch Gefühlen von Einsamkeit, gewachsen zu sein.

Affektabstimmung, Affektregulierung und Interaffektivität sind die Fachworte für das gefühlsmäßige Eingehen auf einen anderen Menschen und für die Fähigkeit, Gefühle gemeinsam mit einem anderen Menschen erleben und teilen zu können. Diese Phänomene stellen die basale Erfahrung für die zwischenmenschliche Beziehungsfähigkeit dar und sind der Motor für eine kognitiv-emotionale Entwicklung.

Musik und die therapeutische Beziehung

Kann Musiktherapie diese fehlende Erfahrung, Resonanz, feinfühlige Abstimmung und Interaffektivität erfahrbar machen? Wie muss ein entsprechendes therapeutisches Vorgehen aussehen und welche spezifische Rolle spielt das Medium Musik?

Die Therapeutin macht durch ihr Verhalten deutlich, dass sie den Zustand des Kindes zunächst nicht verändern (verbessern, bereichern, aktivieren, motivieren), sondern dass sie die Gründe des So-Seins verstehen will. Deshalb ist das therapeutische Vorgehen dadurch gekennzeichnet, dass es ganz vom Kind ausgehend entwickelt wird. Das Thema gibt das Kind durch sein So-Sein vor, es muss "ihm gemäß sein", da sich sonst keine Beziehung herstellen lässt. Beziehung ist aber nötig, um seelischen Einfluss nehmen zu können. Lernen heißt hier Erleben zulassen, Affekte aushalten, sie ausdrücken "lernen", sie mitteilen und damit teilen "lernen". Marian nimmt den Vorschlag, das Instrument als Ausdrucksmittel zu verwenden, an und schlägt es exzessiv. Er exploriert es nicht, er spielt nicht auf der Trommel, sondern er drückt seinen affektiven Zustand direkt aus. Er macht so hörbar, was er sonst nur fühlt oder körperlich ausagiert.

Welches sind nun die spezifischen Wirkmechanismen des Mediums Musik und was löst das Mitspiel durch die Therapeutin aus?

MUSIK spricht eine Sprache, die auch bei kognitiver Einschränkung verstanden werden kann. Intensität, Rhythmus und Form sind Phänomene, die schon ein Neugeborener wahrnehmen und differenzieren kann.

MUSIK i. S. des aktiven Musizierens führt die Sinne zusammen, macht Affekte hör- und damit mitteilbar, kann Affekte regulieren helfen.

MUSIK bietet die Chance, die eigenen Affekte besser wahrzunehmen, sich als ihr Urheber zu fühlen, fordert auf, selbsttätig zu werden.

MUSIK erzeugt Nähe und Distanz, macht das Beziehungsgeschehen hörbar und damit deutlich.

MUSIK macht das Du und das Wir spür- und hörbar; ist Anlass zu spielen und gemeinsam Gefühle zu empfinden.

MUSIK löst Erinnerungen, Bilder und damit Stimmungen aus.

Die Therapeutin nimmt diesen Druck, diesen Affektstau auf und gibt ihm eine Form durch ein Refrainlied, das um das Wort "kaputt" entsteht, das Marian immer äußert, wenn er zuschlägt oder etwas wegwirft. "Was ist denn kaputt?" Ich stelle diese Frage nicht, weil ich eine Antwort erwarte, sondern weil ich ihm zeige, dass ich mich nach dem Warum, dem Grund seiner Destruktion frage.

Intensität, Rhythmus und Form sind die von Geburt an wirksamen Parameter, die das Erleben der Welt ordnen helfen. Sie werden auch bei mentaler Retardierung wirksam, da sie empfunden und nicht verstanden werden müssen. Die Form, das Refrainlied gibt die Möglichkeit der Wiederholung. Musik kann Affektabstimmung besonders gut erfahrbar machen und Affekte gestalten helfen.

Musik erzeugt Nähe und Distanz. Durch die gefundene Form, die aus der Improvisation entwickelt wird, ist eine Distanzierung von der geladenen emotionalen Situation möglich, durch die Wiederholung ein Sich-wieder-Finden. Der stimmliche Zusammenklang, der durch das direkte Mitvollziehen der stimmlichen Äußerung des Kindes durch die Therapeutin erfolgt, erzeugt die Nähe, die für die basale Empfindung der zwischenmenschlichen Atmosphäre nötig ist. Nur wenn die Intensität, die Tonhöhe, die Dauer der vokalen Äußerung genau mitvollzogen wird, erlebt das Kind dieses besondere Kontaktgefühl. Musik spricht die Sprache der frühen Mutter-Kindbeziehung und kann frühkindlich erlebte Defizite, wie fehlende Resonanz- und Affektabstimmung wieder erlebbar machen.

Ausgehend von diesen spezifischen Eigenschaften des Mediums Musik, speziell des aktiv gestalteten musikalischen Zusammenspiels, lassen sich folgende Indikationsbereiche ableiten:

Indikation Musiktherapie

"Musiktherapie ist dann indiziert, wenn die spezifischen Eigenschaften des Mediums Musik einen wichtigen Beitrag in der Behandlung oder Entwicklung einer bestimmten Zielgruppe leisten können".[62]

Das Erleben von Resonanz, Affektabstimmung und Affektregulierung, Selbst- und Interaffektivität steht im Zentrum musiktherapeutischer Interventionen, da das Medium Musik diese spezifischen Erfahrungen ermöglicht. Krankheits- und Störungsbilder, die durch diese emotionale Erfahrung behandelt werden können, stellen daher das spezifische Indikationsgebiet der Musiktherapie dar. Da diese Erlebnisqualitäten zu den wesentlichen Erfahrungen des ersten Lebensjahres gehören und für die kognitiv-emotionale Entwicklung verantwortlich sind, sind Menschen, die diese Zeit nicht ungestört erleben konnten oder die sich wieder in gewisser Weise auf dieser frühen Entwicklungsstufe befinden, für Musiktherapie indiziert.

Es ergeben sich folgende Indikationsbereiche:

- Menschen, die sich noch nicht oder nicht mehr aktiv ausdrücken und mitteilen können, die Musik jedoch aufnehmen und als Verbindung zur Welt empfinden können (z.B. zu früh geborene Menschen, Menschen mit Schä-

---

[62] Smeijsters, H. (1999): Grundlagen der Musiktherapie, Göttingen

del-Hirn-Traumen, mit Demenz und Menschen im Koma). Menschen, die sich verschließen, da sie "die Welt noch nicht betreten können" (z.B. frühkindlicher Autismus);

- Menschen, die wahrnehmungsgestört sind, d.h. die die Fähigkeit zur Koordinierung ihrer Sinne (intermodalen Integration) nicht entwickelt haben oder in dieser Fähigkeit gestört sind (z.B. Autismus, Psychose, neurologische Krankheitsbilder);

- Menschen, die an einem gestörten Körper-, Affekt- und damit Selbstempfinden leiden (z.B. Menschen, die durch Hospitalismus seelisch depriviert wurden, strukturelle Ichstörung, Borderline-Syndrom, Essstörung);

- Menschen, deren Fähigkeit zum Dialog, zur Interaktion, zur Intersubjektivität gestört ist, die zwar Kontakt herstellen, aber deren Nähe-Distanzbalance gestört ist, für die das Gefühl von Trennung und Gemeinsamkeit (Verschmelzung) traumatisch besetzt ist;

- Menschen, deren Symbolisierungsfähigkeit gestört oder noch nicht entwickelt ist und

- Menschen, deren sprachliche Kommunikation i. S. adäquaten verbalen Ausdrucks eigener Empfindungen gestört ist (z.B. Psychosomatosen).

"Elementare Musik" als Therapie

Beziehen wir das Gesagte auf Carl Orffs Definition der Elementaren Musik, so wird ersichtlich, weshalb sie wesentliche therapeutische Wirkmechanismen enthält. "Elementare Musik ist nie Musik allein, sie ist mit Bewegung, Tanz und Sprache verbunden, sie ist eine Musik, die man selbst tun muss. Sie ist eine Musik, in der man nicht nur als Hörer, sondern als Mitspieler einbezogen ist". Eine so verstandene "Musik" ermöglicht die Integration der Sinne (ich höre, empfinde, sehe und spüre ein musikalisches Ereignis), das Wahrnehmen des eigenen Körpers als Urheber von Handlungen (ich bin es, der das Zuhörende mitbestimmt) und das Erleben, dass Gefühle mitteilbar und damit teilbar sind (ich höre mich und den anderen, ich höre uns). "Elementare Musik ist vorgeistig, kennt keine große Form, ist erdnah, naturhaft, körperlich für jeden erlern- und erlebbar, dem Kinde gemäß"[63]. Wilhelm Keller formulierte: "Elementare Musik ist die Verwirklichung einer ursprünglichen, zentralen musikalischen und tänzerischen Potenz, die in jedem Menschen angelegt ist"[64]. Dies anzunehmen hat mich Wilhelm Keller überzeugend gelehrt und diese positive Hypothese gibt mir die Kraft, es mit so schwer gestörten Kindern immer wieder aufzunehmen.

Literatur:

Keller, W. (1974): Ziele und Aufgaben des Institutes für Musikalische Sozial- und Heilpädagogik, in: Orff Schulwerk, Informationen 13, Universität Mozarteum Salzburg

Keller, W. (1996): Musikalische Lebenshilfe, Mainz: Schott

Orff, C. (1964): Das Schulwerk - Rückblick und Ausblick, in: Orff-Institut, Jahrbuch 1963, Mainz: Schott. S. 15f.

Papoušek, M. (1994): Vom ersten Schrei zum ersten Wort, Bern: Huber.

Schumacher, K. (1994a): Musiktherapie mit autistischen Kindern, Stuttgart: Fischer (vergriffen, aber noch erhältlich bei der Autorin).

Schumacher, K.(1994b): Musiktherapie - musikalische Sozial- und Heil-pädagogik - Instrumentalpädagogik für Behinderte, in: Musikth. Umsch.15, H.3, S.209-213

Schumacher, K.(1999): Die Bedeutung des Orff-Schulwerks für die musikalische Integrations- und Behindertenpädagogik und die Musiktherapie, in: Orff-Schulwerk, Informationen 62, Forum Salzburg

Schumacher, K. (2000): Musiktherapie und Säuglingsforschung, Frankfurt: Lang

Smeijsters, H. (1999): Grundlagen der Musiktherapie, Göttingen: Hogrefe

---

[63] Orff, C. (1964): Das Schulwerk - Rückblick und Ausblick, in: Orff-Institut, Jahrbuch 1963, Mainz

[64] Keller, W. (1996): Musikalische Lebenshilfe, Mainz

Stern, D. (1985): The Interpersonal World of the Infant; New York: Basic Books; deutsch: Stern, D. (1992): Die Lebenserfahrung des Säuglings, Stuttgart: Klett

Trapp, J. in: Mahns, W. (1984): Das Musikkonzept in der Musiktherapie, in: Mus.U. 5

Orff-Musiktherapie: historische Wurzeln und Entwicklungen

Melanie Voigt

Anlässlich dieser Dokumentation möchte ich die Gelegenheit wahrnehmen, einen Einblick in die Orff-Musiktherapie zu geben, die von Gertrud Orff am Kinderzentrum München entwickelt wurde, und ihre Beziehung zum Orff-Schulwerk und zu Traditionen der Psychologie und der Medizin zu erläutern. Zusätzlich werde ich die Entwicklungen der Therapie und ihr heutiges Profil kurz darstellen.

In ihrem Buch „Musiktherapie: Grundlagen, Formen, Möglichkeiten" verwenden Strobel und Huppmann folgende Überschrift, um einen Absatz über die Orff-Musiktherapie einzuleiten: „Das Orff-Schulwerk und die Anwendung des Orff-Instrumentariums (Orff-Musiktherapie)"[65]. Sie beschreiben hier die Anwendung des Orff-Schulwerks im Rahmen der musikalischen Heilpädagogik und betonen, wie wichtig es ist, dass der Heilpädagoge oder Therapeut selbst dazu fähig ist, elementare Musik zu produzieren und Gruppen zum elementaren Musizieren zu motivieren[66].

Das Orff-Schulwerk, die Anwendung des Orff-Instrumentariums, die Orff-Musiktherapie - drei Begriffe, ein Phänomen?

Der klinische Rahmen der Sozialpädiatrie

Gertrud Orff entwickelte ihre Musiktherapie im Rahmen der Sozialpädiatrie. Ziele der Sozialpädiatrie sind die frühe Diagnostik und frühe Therapie von Kindern mit Entwicklungsstörungen und Behinderungen sowie die Integration dieser Kinder in der Familie, in Kindergarten und Schule und in der Gesellschaft.

---

[65] Strobel und Huppmann, 1998, S. 133

[66] a.a.O.

Die Ursprünge der Sozialpädiatrie gründen in der Arbeit von Prof. Theodor Hellbrügge. Nach dem Zweiten Weltkrieg beschäftigte er sich mit den Entwicklungsstörungen, vor allem den sozialen Störungen, die Kinder in Heimen aufwiesen. Zusammen mit seinen Mitarbeitern entwickelte er eine Form der Entwicklungsdiagnostik für Säuglinge, die die wichtigsten psychomotorischen Funktionen des Säuglings definierte. Diese Diagnostik führte dazu, dass auch Mehrfachbehinderungen bei Säuglingen sehr früh entdeckt wurden. Hellbrügge erkannte, dass für diese Kinder eine mehrdimensionale Therapie unter Einbezug von Fachkräften verschiedener Disziplinen, aber auch der betroffenen Eltern notwendig war. Die Musiktherapie wurde in das Konzept integriert, um die Emotionalität des Kindes positiv zu unterstützen[67]. Der Name „Orff-Musiktherapie" wurde von Hellbrügge geprägt und bezeichnete die Form der Therapie, die im Kinderzentrum München angewendet wurde[68].

Das Konzept der Sozialpädiatrie hat sich fortgesetzt und weiterentwickelt. Heute arbeiten im Kinderzentrum München, dem ersten sozialpädiatrischen Zentrum Deutschlands, Kinderärzte und -neurologen, Diplom-Psychologen/ Psychologische Psychotherapeuten mit Schwerpunkt Entwicklungspsychologie, Krankengymnasten, Ergotherapeuten, Logopäden, Montessori-Therapeuten, Musiktherapeuten, Sozialarbeiter, Erzieher und Kinderkrankenschwestern zusammen, um Kinder und Jugendliche mit Entwicklungsstörungen und Behinderungen zu behandeln und ihre Eltern zu stützen und zu unterstützen.

Das Menschenbild der Orff-Musiktherapie

In der Therapie ging Gertrud Orff immer vom Kind aus. Sie war davon überzeugt, dass jedes Kind - ob behindert oder nicht - ein Potenzial zur positiven Entwicklung hat, sowohl für die Entwicklung von Fertigkeiten als auch für die Entwicklung seiner Persönlichkeit[69]. Diese Haltung entspricht dem Modell der humanistischen Psychologie[70]. Gertrud Orff mahnte von Anfang an, dass man

---

[67] Hellbrügge, 1975

[68] G. Orff, 1976

[69] G. Orff, 1985; 1990

[70] Vocke, 1986

sich nicht von einer Diagnose so beeinflussen lassen sollte, dass man die möglichen Stärken des Kindes übersieht[71].

Sie betonte außerdem, dass der therapeutische Prozess im „Zustand der Begegnung" stattfindet[72]. Der Therapeut hat die Rolle eines Mittlers „für die Selbständigkeit eines Wesens, für die Entwicklung von Interesse, sei es für den anderen, sei es für Objekte"[73]. Mit diesen Aussagen wird klar, dass die Beziehung zwischen Patient und Therapeut ein zentraler Faktor im Therapieprozess ist, was einer psychotherapeutischen Haltung entspricht. Die zweite historische Wurzel der Orff-Musiktherapie ist daher eine psychotherapeutische Haltung zum Patienten auf der Basis des humanistischen Modells der Psychologie.

Das Orff-Schulwerk und die Orff-Musiktherapie

Gertrud Orff schreibt, dass die Orff-Musiktherapie sich organisch aus dem Orff-Schulwerk entwickelte[74]. Das Elementare im Schulwerk - die Musik als Einheit von Musik, Bewegung, Tanz und Sprache, in der man als Mitspieler mit einbezogen werden muss, die für jeden zu erleben und zu erlernen sei[75] - sah sie als eine der besonderen Eigenschaften des Schulwerks, die es zu einem geeigneten Instrument für die musikalische Arbeit mit Behinderten machte. Die Orff-Musiktherapie übernahm die Idee des kreativ-spontanen Musizierens vom Orff-Schulwerk. Im Schulwerk sollte diese elementare Musik / dieses elementare Musizieren so angewendet werden, dass für Kinder eine Dimension Musik geschaffen wurde, in der sie sich innerhalb eines pädagogischen Rahmens aus-drücken, sich selbst erleben und mit anderen zusammen Musik machen konn-ten. Für Gertrud Orff hatten diese Elemente in der Therapie die Funktion eines kreativen Stimulus an sich für Kinder[76].

Wie auch im Orff-Schulwerk beschreibt der Begriff MUSIKÉ in der Orff-Musiktherapie die Idee einer musischen „Gesamtdarstellung des Menschen in

---

[71] G. Orff, 1985

[72] a.a.O., S. 161

[73] G. Orff, 1990, S. 92-93

[74] G. Orff, 1985, S. 14

[75] C. Orff, 1975

[76] G.Orff, 1973; 1985

Wort, Ton und Bewegung"[77]. Phonetisch-rhythmische Sprache, freier und gebundener Rhythmus, das Handhaben von Instrumenten, Melos in Sprache und Singen und Bewegung wurden so eingesetzt, dass alle Sinne angesprochen wer-den. Klang und Bewegung, zusammen mit dem Phänomen Spiel sah Gertrud Orff als die Elemente der Therapie, die es dem Kind ermöglichten, Selbstbestä-tigung zu erleben, Verständnis für andere und soziale Integration zu erfahren und zu erproben[78].

Die Möglichkeit der Anwendung der Multisensorik in Zusammenhang mit musikalischer Interaktion im sozialen Kontext sah sie als zweiten Faktor, der das Schulwerk für die Arbeit mit behinderten Kindern geeignet macht. Der Einsatz multisensorischer Impulse, z.B. die Kombination von akustischen Erfahrungen mit visuellen, taktilen oder kinästhetischen Erfahrungen, wurde als Ergänzung zu den musikalischen Ausdrucksmöglichkeiten in der Arbeit mit behinderten Kindern gesehen. Diese ermöglichte es dem Therapeuten, das Kind anzusprechen, wenn eine Störung in einem wichtigen Sinnesorgan vorhanden war oder wenn es aus welchen Gründen auch immer noch nicht zu musikalischem Spiel bereit war[79]. Durch Arbeit in der Gruppe, mit Einzeltherapien als Ausnahme, sah sie am Anfang ihrer Tätigkeit Möglichkeiten, die Kommunikation der Kinder im sozialen Rahmen durch ihre Interaktion untereinander zu unterstützen[80].

Gertrud Orff setzte auch das Orff-Instrumentarium ein. Dieses hatte ihrer Meinung nach in der Therapie eine dreifache Anwendungsmöglichkeit:

1) als Möglichkeit für die akustisch-aktive Betätigung des Kindes,
2) als Zwischenglied zwischen Kind und Therapeut, das sowohl Annäherung als auch Distanz ermöglicht und
3) als Möglichkeit für das Kind, sich nonverbal mitzuteilen und sozial einzuüben.

---

[77] G. Orff, 1985, S. 11

[78] a.a.O.

[79] G. Orff, 1973, 1985, 1990

[80] G. Orff, 1973

Das Instrumentarium ermöglichte ihrer Ansicht nach wiederum eine dreifache Kommunikation: vom Kind zum Material (Instrument), vom Kind zum Therapeuten über das Material, und von einem Kind zum anderen Kind. Das Material, das von der Therapeutin angeboten wurde, beschränkte sich aber nicht auf das Orff-Instrumentarium. Auch Objekte aus dem Alltag und der Umwelt oder Spielmaterialien wie Bälle hatten ihren Platz im Therapieraum und in der Therapie[81].

Gertrud Orff wendete die oben genannten Elemente und Prinzipien des Orff-Schulwerks mit der ressourcenorientierten Haltung zum Menschen im Rahmen der Sozialpädiatrie an. In diesem klinischen Setting entwickelte sie eine Vorgehensweise für den Therapeuten in der Orff-Musiktherapie, die sie mit zwei Begriffen beschrieb: ISO - das Mitgehen mit dem Kind auf seine Art und Weise und PROVOKATION - ein neuer Reiz oder Impuls, vom Therapeuten in die Situation hineingebracht, der das Interesse des Kindes einfangen und es heraus-fordern soll, seine Möglichkeiten zu erweitern[82]. Diese Vorgehensweise ermöglichte es Gertrud Orff, die Musiktherapie bei einem breiten Spektrum an Entwicklungsstörungen einzusetzen. Notwendig dafür war das genaue Beobachten des kindlichen Verhaltens und die Berücksichtigung der Entwicklungsmerkmale der verschiedenen Kinder[83].

Entwicklungen und Profil der Orff-Musiktherapie

Die Musiktherapie nach Gertrud Orff hat ihr eigenes Profil entwickelt. Das humanistische Menschenbild der Therapie und die psychotherapeutische Haltung zum Patienten stellen nach wie vor die Grundeinstellung eines Therapeuten dar, der mit der Orff-Musiktherapie arbeitet.

Auf den Elementen und Prinzipien des Schulwerks - das Elementare, Musik im Sinne von Musiké, das Multisensorische und das kreativ-spontane Musizieren - gründet das musikalische Handeln in der Therapie auch heute. Die Vorgehensweise des Mitgehens mit dem Kind und das gleichzeitige Führen und Len-

---

[81] G. Orff, 1985
[82] G. Orff, 1990
[83] G. Orff, 1985

ken, wenn notwendig, bilden eine Grundlage der täglichen Arbeit. Das Instrumentarium allerdings hat sich erweitert. Gertrud Orff verwendete in ihrer Therapie schon die Leier, die Volksharfe und andere Instrumente, die nicht typischerweise zum Orff-Instrumentarium gehören. Das Instrumentarium schließt jetzt zusätzliche Instrumente, wie das Klavier und elektronische Tasteninstrumente, mit ein. Andere Instrumente werden für Patienten mit starken motorischen Störungen adaptiert, so dass zum Beispiel auch ein schwerst behindertes Kind das Erlebnis haben kann, deutlich Klang erzeugen zu können.

Die Arbeit im Rahmen der Sozialpädiatrie hat zu einer Orientierung an Entwicklungsprozessen geführt, was uns die Auswirkungen von Entwicklungsstörungen auf das Kind, seine Familie und sein soziales Umfeld deutlich macht. Wir orientieren uns in unserer Arbeit daher nicht nur an einem Entwicklungsbereich, wie z.B. an der sozial-emotionalen Entwicklung, sondern an den Entwicklungsprozessen des jeweiligen Kindes. Das bedeutet, dass die Orff-Musiktherapie sowohl die allgemeine Entwicklung des Kindes als auch sein familiäres Umfeld und die Persönlichkeitsentwicklung berücksichtigt und ihre Vorgehensweise den Bedürfnissen des jeweiligen Kindes anpasst. Das entspricht der Idee einer entwicklungsorientierten Musiktherapie nach Bruscia[84].

Ein Gebiet, das sehr stark von dieser Orientierung an der Entwicklung beeinflusst wurde, ist die Elternarbeit. Verständnis für die Belastungen der Eltern behinderter Kinder, aber auch die Möglichkeiten, die sie uns bieten, ihr Kind besser zu verstehen, haben zu einer verstärkten Elternarbeit in der Musiktherapie geführt. Vor allem bei sehr jungen und mehrfach behinderten Kindern werden die Eltern häufig in das Therapiegeschehen miteinbezogen, setzen dann von sich aus zu Hause auch musikalische Aktivitäten in Spielsituationen um.

In der Orff-Musiktherapie wird ein sehr breites Patientenspektrum noch heute behandelt: Kinder mit mentalen Entwicklungsstörungen, Sinnesbehinderungen, Autismus, sozial-emotionalen Störungen, genetischen Syndromen, Körperbehinderungen und mehrfachen Behinderungen.

Aus diesem Grund erfolgt der Einsatz der oben genannten therapeutischen Prinzipien und musikalischen Inhalte erst, nachdem eine differenzierte medizi-

---

[84] Bruscia, 1989

nische und entwicklungspsychologische Diagnostik durch erfahrene Fachkräfte stattgefunden hat. Dadurch kann das Entwicklungsprofil des Kindes erstellt werden. Daraus erfolgt die Indikationsstellung zur Musiktherapie, damit Ziele formuliert werden, die den Entwicklungsbedürfnissen der Kinder entsprechen. Eine solche Diagnostik limitiert uns nicht, ordnet das Kind nicht in eine „Schublade" ein, sondern sie ermöglicht uns zu verstehen, welche Schwächen, aber auch welche Stärken ein Kind zeigt und wie diese sich auf die Familie und auf die soziale Umwelt auswirken. Gerade diese zwei Disziplinen - die Medizin und die klinische Entwicklungspsychologie - geben uns Informationen über die Störung selbst, aber auch über die positiven Entwicklungsmöglichkeiten der Kinder. Wir können dann gezielt unsere musikalischen und therapeutischen Mittel einsetzen, um die Kinder in ihrer Entwicklung zu unterstützen. Wie sieht nun der Einsatz dieser Mittel unter Berücksichtigung der Entwicklung des Kindes in der Praxis aus?

Beispiele aus der Praxis

Kinder mit starken mentalen Entwicklungsstörungen können Probleme im Verständnis spezifischer Situationen haben. Das kann es für sie schwierig machen, mit Veränderungen in ihrer Umwelt umzugehen. Als Folge können Angstzustände oder Stereotypien auftreten.

Ein Mädchen mit einer chromosomalen Störung, mit einer motorischen Störung und starker mentaler Entwicklungsstörung zeigte Stereotypien und Schwierigkeiten in Kontakt und Interaktion. Sie wurde in die Musiktherapie überwiesen. Das Ziel war es, die Fähigkeit zu Kontakt und Interaktion zu verbessern und dadurch die Stereotypien abzubauen.

Das Mädchen beschäftigte sich sehr gerne mit einer Weihnachtskette, die sie schüttelte, während sie sie anschaute. Diese stereotype Interaktion mit dem Objekt war ihre Art zu spielen. Ich habe ihr Spiel aufgegriffen und mit rhythmischer Sprache begleitet, während ich einen klar strukturierten Ablauf mit der Kette entwickelte. Zusätzliche Möglichkeiten für die Beschäftigung mit der Kette wurden hinzugefügt und sprachlich unterstützt. Im Laufe des Spiels begann das Kind, sich dem Ablauf anzupassen und mitzugestalten. In dieser Vignette ist die Musik vor allem zu sehen in der rhythmischen Sprache, in der Veränderung der Sprachmelodie und starken Schwankungen in der Prosodie.

Bei autistischen Kindern bestehen die Leitsymptome oft in der fehlenden sozialen Kontaktaufnahme und Interaktion sowie in der fehlenden sprachlichen Kommunikation. Dadurch kann es sehr schwierig sein, dem Kind neue Interessen zu vermitteln und einen Zugang zu seiner inneren Welt zu finden. Man rätselt oft darüber, was das Kind eigentlich versteht und was in ihm vorgeht.

Ein damals neunjähriger autistischer Junge verstand sprachliche Aufforderungen, konnte sich aber sprachlich in keiner Weise mitteilen. Er beschäftigte sich oft stereotyp mit wenigen Aktivitäten, manchmal über Stunden. Ein wichtiges Ziel der Musiktherapie war es, die wenigen Initiativen des Kindes zur Kontaktaufnahme oder zur Kommunikation zu erkennen und weiterzuführen.

In dieser ersten Stunde hat der Junge ein melodisches Fragment angeboten, das ich aufgriff und weiterentwickelte. Kurze Zeit später bot er ein zweites Fragment an, das dann zur schon entwickelten Melodie hinzugefügt wurde. Die Mimik des Kindes zeigte eine lebendige Teilnahme an den musikalischen Angeboten. Zu einem Zeitpunkt entstand eine wechselseitige Interaktion, bei der der Junge mich anscheinend aufforderte, die Melodie zu wiederholen. Für ihn war diese Art des sozialen Austausches und Mitgehens auch nach Beobachtungen seiner Mutter etwas ganz Ungewöhnliches.

Die starke Orientierung an Entwicklungsprozessen hat nichts von der ursprünglichen Orff-Musiktherapie weggenommen. Im Gegenteil: Wir finden vor allem in der klinischen Entwicklungspsychologie eine Bestätigung für viele Prinzipien von Gertrud Orff, die auf der Basis ihrer klinischen Beobachtungen formuliert wurden, wie auch für die Vorgehensweise, die sie in der klinischen Arbeit entwickelte. Diese Orientierung ermöglicht es uns, Musiké, das Elementare in der Musik, die Multisensorik und das Spiel so einzusetzen, dass die Entwicklung des Kindes - die funktionelle Entwicklung und die sozial-emotionale Entwicklung - positiv beeinflusst werden kann[85].

---

[85] Plahl, 2000

Zusammenfassung

Die Orff-Musiktherapie im Sinne der Musiktherapie nach Gertrud Orff ist eine aktive, multisensorische Musiktherapie, deren Elemente Klang und Bewegung in einer stimulierenden Spielsituation sind[86]. Sie wurde im Rahmen der Sozialpädiatrie entwickelt, um Kinder und Jugendliche mit Entwicklungsstörungen und Behinderungen zu behandeln und findet auf der Grundlage differenzierter medizinischer und entwicklungspsychologischer Diagnostik statt.

Elemente des Orff-Schulwerks haben den musikalischen Inhalt der Musiktherapie nach Gertrud Orff stark geprägt. Das Instrumentarium entspricht einem Teil des musikalischen Mittels, das angewendet wird. Die Vorgehensweise und der theoretische Hintergrund der Therapie sind vor allem von der klinischen Entwicklungspsychologie stark beeinflusst worden. Das Ergebnis der Weiterentwicklungen in 30 Jahren klinischer Praxis ist heute eine entwicklungs- und interaktionsorientierte Musiktherapie, die nach wie vor in den Grundprinzipien verankert ist, die von Gertrud Orff in ihrer Arbeit entwickelt wurden.

Literatur:

Bruscia, K. (1989): Defining music therapy. Phoenixville: Barcelona Publishers.

Hellbrügge, Th. (1975): Orff-Musiktherapie im Rahmen einer mehrdimensionalen Therapie für mehrfach und verschiedenartig behinderte Kinder. In: Symposion „Orff-Schulwerk 1975". Eine Dokumentation. Salzburg, Hochschule für Musik und Darstellende Kunst „Mozarteum" in Salzburg. Sonderabteilung „Orff-Institut": S. 24-29.

Orff, C. (1975): Orff-Schulwerk in der Heilpädagogik und Medizin. In: Orff-Schulwerk und Therapie, Hans Wolfgart (Hrsg.), Berlin: Carl Marhold Verlagsbuchhandlung: S. 3-14.

Orff, G. (1973): Musiktherapie. Fortschritte der Medizin, 91. Jahrgang, Nr. 5: S. 195-199.

---

[86] Orff, 1985

Orff, G. (1976): Multisensorischer Einsatz der Musik in der Therapie mit entwicklungsgestörten Kindern. In: Praktische Psychiatrie; Sonderdruck Musiktherapie in der Psychiatrie: S. 36-41.

Orff, G. (1985): Die Orff-Musiktherapie. Frankfurt/Main: Fischer Taschenbuchverlag.

Orff, G. (1990): Schlüsselbegriffe der Orff-Musiktherapie (2. Auflage). Weinheim: Psychologie-Verlags-Union.

Plahl, C. (2000): Entwicklung fördern durch Musik. Evaluation musiktherapeutischer Behandlung. Münster: Waxmann Verlag.

Sarimski, K. (1993): Interaktive Frühförderung. Weinheim: Psychologie-Verlags-Union.

Strobel, W. &. Huppman, G. (1998): Musiktherapie. Grundlagen, Formen, Möglichkeiten. Göttingen: Hogrefe.

Turnbull, A.P., Turnbull, H.R., Summers, J.A, Brotherson, M.J. & Benson, H.A. (1986): Families and professionals: creating an exceptional partnership. Columbus: Merrill Publishing Co.

Vocke, J. (1986): Effektivitätskontrolle der Orff-Musiktherapie. Dissertation. München: Ludwig-Maximilians-Universität.

Voigt, M. (1998): Musiktherapie in der Behandlung von Entwicklungsstörungen - die Orff-Musiktherapie heute. Musiktherapeutische Umschau 19 (4): S. 289-296.

Der Einfluss Wilhelm Kellers auf meine psychotherapeutische Arbeit

Ruth Moroder-Tischler

Es werden zehn Aspekte von Wilhelm Keller / Orff-Schulwerk und der musiktherapeutischen Arbeit der Autorin auf der Basis der Gestalttherapie in ihren Gemeinsamkeiten verglichen:

1. Humanistisches Menschenbild

2. Einsatz von elementarer Musik und Bewegung

3. Sprache-Musik-Bewegung / Körper-Seele-Geist

4. Musikalisch-szenisches Rollenspiel

5. Improvisation

6. Musikalische Gegensätze / Polaritäten

7. Grafische Symbolisierung der Schallaktion / Musikmalen

8. Schöpferische Ideen / Phantasie

9. Eigene Überzeugung und positive Grundeinstellung

10. Wertschätzung jeden kleinsten Erfolges.

Prof. Wilhelm Keller beeinflusste meine Arbeit in zweierlei Hinsicht:

- durch sein humanistisches Menschen- und Gesellschaftsbild

- durch das damit eng verbundene didaktisch-methodische Konzept des Orff-Schulwerks

I. Mein Weg von der ersten Begegnung mit Prof. Wilhelm Keller zur Musik- und Gestalttherapie

Im Jahr 1975 begegnete ich Wilhelm Keller zum ersten Mal, als ich zum Abschluss meines Psychologiestudiums in Salzburg den von ihm entworfenen Melodie-Improvisationstest übernahm als Grundlage für mein Dissertationsthema im musikpsychologischen Bereich. Dabei ging es wesentlich um Zusammenhänge von Sprechtexten und Melodieimprovisationen von Kindern.

Unterricht mit Wilhelm Keller   Foto: Ruth-Moroder-Tischler

Eine ausführliche Darstellung der Untersuchung befindet sich auch in Kellers Buch: Musikalische Lebenshilfe[87].

In den damaligen Gesprächen mit Keller legte sich der erste Grundstein für den Einfluss, den er auf meine spätere musik- und gestalttherapeutische Arbeit nehmen sollte.

Besonders nachhaltig wirkte auf meine spätere Arbeit auch der von Wilhelm Keller initiierte und geleitete Fortbildungslehrgang: 'Elementare Musik- und Bewegungserziehung in der sozial- und heilpädagogischen Praxis'.

Charakteristisch für Wilhelm Kellers Unterricht war: kein Frontal-Unterricht, kein Leistungsdruck, keine Angst, sondern interessiertes Zuhören, Reflektieren, Diskutieren und Lernen. So vermittelte er uns Studierenden sein humanistisches Menschen- und Gesellschaftsbild. Er setzte sich stets tatkräftig ein für eine humanistische Gesellschaft, in der jeder Mensch, ob mit oder ohne Behinderung, nach seinen individuellen Begabungen und Vorlieben wahrgenommen, respektiert und gefördert wird.

Als ich 1979 meine Arbeit als Psychologin im heilpädagogischen Landesdienst in Bozen (Italien) begann, gab mir das Vorbild Wilhelm Kellers den Mut, die damals mit viel Widerstand beginnende Integration von Menschen mit Behinderung zu unterstützen. So ging ich u.a. regelmäßig in Integrationsklassen und versuchte dort, mit den Kindern das durchzuführen, was ich bei Wilhelm Keller speziell und im Orff-Institut allgemein gelernt hatte. Zunehmend ergänzte ich meine Arbeit auch mit musiktherapeutischen Methoden, die ich in Fortbildungsseminaren erlernte, u. a. auch bei Gertrud Orff.

1985 zog ich nach Kiel, wo ich mich später zu einer psychotherapeutischen Weiterbildung in Gestalttherapie entschloss, und seit 1993 arbeite ich in eigener psychotherapeutischer Praxis.

---

[87] Wilhelm Keller (1996): Musikalische Lebenshilfe, S. 167-169

II. **Gemeinsame Aspekte im Vergleich zwischen Wilhelm Keller / Orff-Schulwerk und Musiktherapie auf gestalttherapeutischer Basis**

W. Keller / Orff-Schulwerk	Musiktherapie auf der Basis der Gestalttherapie
1. Humanistisches Menschenbild	1. Humanistisches Menschenbild
2. Elementare Musik- und Bewegungserziehung	2. Elementarer Einsatz von Musik und Bewegung
3. Einheit Sprache-Musik-Tanz	3. Einheit Körper-Seele-Geist
4. Musikalisch- szenisches Rollenspiel	4. Musikalisch- szenisches Rollenspiel
5. Improvisation	5. Improvisation
6. Musikalische Gegensätze	6. Arbeit mit Polaritäten
7. Grafische Symbolisierung der Schallaktion	7. Musikmalen
8. Schöpferische Ideen	8. Phantasie
9. Eigene Überzeugung und positive Grundeinstellung	9. Eigene Überzeugung und positive Grundeinstellung
10. Wertschätzung jeden kleinsten Erfolges	10. Wertschätzung jeden kleinsten Erfolges

1)   Humanistisches Menschenbild

Wilhelm Kellers humanistisches Menschenbild habe ich bereits kurz angesprochen.[88]

Auch die Musiktherapie auf der Basis der Gestalttherapie geht von einem humanistischen Menschenbild aus, in welchem der Mensch untrennbar mit seiner Umwelt verbunden ist, als ein Organismus, der sich stets als Ganzheit organisiert und sich in einer sich selbstregulierenden Homöostase aufrecht erhält.[89]

Die Verbundenheit des Menschen mit seiner Umwelt bringt seine Gesellschaftsbezogenheit mit sich, sowohl bei Keller als auch in der Therapie.

Keller fordert uns auf: "Ändere die leistungsorientierte Gesellschaft so, dass jeder Mensch mit Behinderung angenommen, respektiert und gefördert werden kann".

In der Therapie gilt der Grundsatz: "Ändere, was du ändern kannst, sowohl in deiner Umgebung als auch an deinem Verhalten; nimm an, was du nicht ändern kannst", wie zum Beispiel Behinderung, Krankheit und Tod, verdrängte, negativ besetzte Gefühle wie Wut, Trauer, Angst.

Diesbezüglich habe ich häufig die Erfahrung gemacht, wie sich Patienten durch aktives Instrumentalspiel, vorwiegend auf elementaren Saiteninstrumenten, wie Zymbal / Kantele, mit neuer Kraft und Zuversicht gestärkt fühlten, auf dem Weg, ihre Depression oder unheilbare Krankheit besser annehmen zu können.

Ähnliche Erfahrungen habe ich auch mit Tanz gemacht, zum Thema ‚Blüte' oder ‚Baum' im Wandel der Jahreszeiten, wo Patienten ihr Gefühl der Wandlung im Werden und Vergehen und wieder Werden wahrnehmen und annehmen konnten, im Bewusstsein, dass durch Loslassen d.h. Annehmen, neues Wachsen möglich wird.

---

[88]   vgl. Keller1980, S. 17-19
[89]   vgl. Smeijsters 1994, S. 26-39

2)   Elementare Musik- und Bewegungserziehung für Kinder / Elementare Musik- und Bewegung auch für Erwachsene

Die Elementare Musik- und Bewegungserziehung für Kinder ist in der Therapie als elementarer Einsatz von Musik und Bewegung vom methodischen Konzept her genauso gültig, auch für Erwachsene.

Keller bezeichnet elementare Musik als "...die Verwirklichung einer ursprünglichen, zentralen musikalischen Potenz, die in jedem Menschen angelegt ist..."[90]. Das führt dazu, die Kinder zu selbständigem, eigenem Handeln zu erziehen, durch positive Verstärkung unterstützt.

Analog wird in der Therapie mit den Ressourcen der Person gearbeitet, indem der Therapeut den Patienten hilft, die eigenen Kräfte zu entfalten und zu üben. Dabei werden als Ziel die Selbstverantwortung, Entscheidungsfähigkeit und Selbstverwirklichung angestrebt. So werden zum Beispiel die Patienten aufgefordert, auf eigene Fragen selbst eine Antwort zu finden oder Hausaufgaben durchzuführen, die sie zum Teil selbst bestimmen.

Auch hier hat die positive Verstärkung eine wichtige unterstützende Funktion.

3)   Einheit Sprache-Musik-Tanz / Einheit Körper-Seele-Geist

Was im Orff-Schulwerk die Einheit Sprache-Musik-Tanz ist, bedeutet in der Therapie die Einheit Körper-Seele-Geist, denn beide gehen von der Ganzheit des Menschen aus.

Im Orff-Schulwerk werden Atem, Stimme, Sprache, Bewegung, Tanz, Musik- und Körperinstrumente als eine ganzheitliche Einheit eingesetzt.

Dasselbe geschieht in der Therapie.

So kann zum Beispiel im Tanz der Mensch auf ganz besondere Weise eine Integration in der Einheit von Körper-Seele-Geist erfahren. Der Bewegungsprozess ermöglicht nämlich eine emotionale und kognitive Bewusstheit, verbunden mit Körperwahrnehmung und -akzeptanz.

---

[90] Keller 1980, S.18

Durch die Wahrnehmung können wir eine Beziehung zum Körper schaffen, und das fördert die Körperakzeptanz.

4) Musikalisch-szenisches Rollenspiel

Das musikalisch-szenische Rollenspiel, wie Keller es uns gezeigt hat, bietet neben der Möglichkeit, die Einheit von Sprache-Musik-Tanz zu erreichen, auch den Vorteil, individuell differenzierte Rollen in Integrationsgruppen bzw. in heterogenen Gruppen anzubieten, so dass jedes Gruppenmitglied am Gruppengeschehen nach seiner persönlichen Art und Weise teilnehmen sowie im Rollentausch neue Rollen ausprobieren kann.

Auch in der Therapie bietet das szenisch-musikalische Rollenspiel die Möglichkeit zu individueller Differenzierung der Rollen sowie Rollentausch. Im szenisch-musikalischen Rollenspiel kann die Wichtigkeit des Erlebens vor dem intellektuell-analytischen Begreifen erfahren werden.

In der Therapie führt das zur Möglichkeit der bewussten, erlebnisorientierten Wahrnehmung und somit zur Möglichkeit, mit den eigenen Gefühlen in Kontakt zu kommen. Das Unterdrücken von Gefühlen führt nämlich zu Selbstentfremdung, Kontaktproblemen und Einsamkeit.

Da sich die Musik von Jetzt zu Jetzt bewegt, erleichtert sie damit das Erleben der Gefühle im Hier und Jetzt. Dabei können Gefühle sowohl durch aktives musikalisch-szenisches Spiel ausgedrückt als auch durch Musikhören wahrgenommen werden. Die musikalisch-szenische Gestaltung von Geschichten ist geeignet, gerade bei Gefühlen wie Angst, Trauer, Wut einen festen Rahmen zu setzen, so dass das jeweilige Gefühl dadurch getragen werden kann. Die verschiedenen Rollen in der Geschichte können nämlich helfen, durch Identifikation die eigenen bedrohlichen Gefühle aus schützender Distanz wahrzunehmen und auszudrücken; sie können helfen, Selbst- und Fremdwahrnehmung im Rollentausch zu erfahren; und sie können helfen, durch Sich-Einfühlen in andere Menschen, Flexibilität für die Bewältigung verschiedener Lebenssituationen zu erreichen[91].

---

[91] vgl. auch Peseschkian, 1987

5) Improvisation

Ein weiterer Bereich des Orff-Schulwerks bzw. Kellers ist die Kreativitäts- und Ausdrucksförderung durch Improvisation mit Stimme und Instrumenten, Alltagsmaterial, Geräuschen und Klängen, Bewegung und Tanz. In der Therapie gilt dasselbe.

Die Improvisation bedeutet in der Therapie auch: Phantasie zulassen sowie Mut und Lust, auf Experimente einzugehen als wichtige Basis flexibler Problemlösung.

Experimente sind Situationen, in denen die Patienten etwas von sich erfahren und neue Verhaltensweisen ausprobieren können, auch mit Überschreitung der eigenen Grenzen. Zum Beispiel durch Aufforderungen wie: "Spiele das Gleiche nochmals, aber lauter, leiser, kräftiger, schwächer, schneller, langsamer."

Experimente bieten auch die Möglichkeit zum Ich-Du Dialog im Hier und Jetzt.

Ein weiteres Element der Improvisation ist die Bewegung. Sie kann z.B. in der Tanz- oder Instrumentalimprovisation durch psychovegetative Stimulation einen ersten Impuls geben, um aus psychischen Sackgassen herauszukommen, wo nichts mehr weiterzugehen scheint, wie in der Trauerarbeit, bei Depressionstiefe oder bei Wutblockade. So kann zum Beispiel bei Wutblockade durch Musik- und Bewegungsimprovisation die gestaute aggressive Energie aufgefangen und umgesetzt werden in das Kraftfeld Musik.

6) Musikalische Gegensätze / Arbeit mit Polaritäten

Was bei Keller die Wahrnehmung der musikalischen Gegensätze ist, wie Anfang-Ende, laut-leise, schnell-langsam, Musik-Pause, ist in der Therapie die Arbeit mit Polaritäten, d.h. die Wahrnehmung und Integration der Gegensätze. Diese sind besonders für das Kontaktverhalten bedeutsam. Durch Musik- und Bewegungsimprovisation, zu zweit oder in der Gruppe, können nämlich anhand der genannten Gegensätze Kontaktstörungen bewusst wahrgenommen und korrigiert werden, wie zum Beispiel im Nähe-Distanzverhalten mit: zu laut/zu leise, zu schnell/zu langsam, zu früh/zu spät oder im Verhalten des Führen– / Geführt-Werden mit zu viel/zu wenig.

Durch die musikalische Improvisation wird es oft auch möglich, zur bewussten Erfahrung zu kommen, dass Polaritäten nebeneinander bestehen und zu einer Einheit integriert werden können.

7) Grafische Symbolisierung der Schallaktion / Musikmalen

Was bei Keller das Sichtbar-Machen von Musik durch grafische Symbolisierung der Schallaktion ist, ist in der Therapie vergleichbar mit dem Sichtbar-Machen von Kontaktverhalten, Gefühlen, Konflikten, Phantasie durch Musikmalen. Hier befinden wir uns zum Teil im rezeptiven Bereich der Musiktherapie bzgl. der assoziativen Imagination durch Musikhören.[92]

8) Schöpferische Ideen / Phantasie

Wilhelm Keller mit seinen vielen schöpferischen Ideen heißt auf die Therapie übertragen: Phantasie ist ein unerlässliches Mittel zur Lebensbewältigung, zum Beispiel auch, um aus festgefahrenen Problemkreisen herauszukommen.

9) Eigene Überzeugung und positive Grundeinstellung

Der Grundbaustein aller angesprochenen Aspekte ist jedoch die *eigene* positive Grundeinstellung und Überzeugung, wie ich sie bei Keller erlebt habe, sowie seine Freude an Spiel, Spaß und Humor.

Die positive Grundeinstellung und Überzeugung des Therapeuten, verbunden mit Freude an Spiel, Spaß und Humor kann dem Patienten helfen, mehr Selbstvertrauen zu gewinnen und die eigenen Probleme mehr aus der Distanz wahrzunehmen.

10) Wertschätzung jeden kleinsten Erfolges

Keller wertschätzt jeden kleinsten Erfolg. Dies gilt gleichermaßen für die Therapie: Jeder kleinste Erfolg ist wertvoll. Dazu möchte ich ein symbolisches Beispiel mit einer Klangschale geben und damit zum Abschluss kommen:

---

[92] vgl. Tischler / Moroder-Tischler 1998, S. 45ff.

Wenn ich mich als Patient geschlossen fühle und meine: "Ich habe alles probiert, es geht nichts mehr, ich weiß nicht mehr, was ich tun soll", dann kann ich nicht ‚klingen': "klock" (Anschlagen umgedrehter, geschlossener Klangschale).

Wenn ich mich öffne durch neue Hoffnung oder in der Therapie, doch ich bin zu voll gefüllt, zum Beispiel mit unerledigten Situationen / Konflikten, mit Ängsten und Sorgen, mit eigenen blockierten Fähigkeiten, so habe ich schon bessere Voraussetzungen zu klingen, aber es geht noch nicht richtig: "kleng" (Anschlagen geöffneter, mit kleinen Gegenständen gefüllter Klangschale).

Wenn ich nun mit Hilfe der Therapie beginne, unerledigte Situationen / Konflikte zu lösen, Ängste und Sorgen loszulassen, meine eigenen blockierten Fähigkeiten zu entfalten, dann kann ich mit jedem kleinsten Erfolg besser klingen: "kling" (Anschlagen geöffneter Klangschale, nachdem jeweils nacheinander die kleinen Gegenständen herausgenommen werden), bis ich zum vollen Klingen komme, zur Einheit von Körper-Seele-Geist: **"kling"** (Anschlagen geöffneter leerer Klangschale).

Diesen Weg begann ich durch Wilhelm Keller und das Orff-Institut. Und der Weg geht weiter...Danke!

Literatur:

Keller, Wilhelm (1980): Symposion Orff-Schulwerk. Orff-Institut, Salzburg

Keller, Wilhelm (1996): Musikalische Lebenshilfe. Schott, Mainz

Peseschkian, Nossrat (1987): Der Kaufmann und der Papagei. Orientalische Geschichten als Medien in der Psychotherapie. Frankfurt/ Main

Smeijsters, Henk (1994): Musiktherapie als Psychotherapie. Fischer, Stuttgart. Jena

Tischler, Björn / Moroder-Tischler Ruth (1998): Musik aktiv erleben. Diesterweg, Frankfurt/Main (4. überarb. Aufl).

Erfahrungen aus der Klinik für Kinder- und Jugendpsychiatrie im Schnittfeld elementarer Musikpädagogik und Musiktherapie

Ein Fallbericht zu einem 13jährigen magersüchtigen Mädchen

Björn Tischler

Die Klinik für Kinder- und Jugendpsychiatrie und Psychotherapie

Musikalische Aktivitäten erweisen sich angesichts der engen Beziehung zwischen musikalischem und persönlichkeitsspezifischem Ausdruck als ein wichtiger Bestandteil bei der Behandlung psychischer Störungen.

Dabei bedarf es adressatenspezifischer Konzepte, die bei der Arbeit mit Kindern und Jugendlichen je nach institutionellem Kontext mehr therapeutisch oder pädagogisch orientiert sein können.

Aus langjährigen Erfahrungen und empirischen Untersuchungen heraus hat sich in diesem Zusammenhang eine Methode im Schnittfeld von Pädagogik und Therapie entwickelt, die der musikalischen und der persönlichkeitsbezogenen Ebene sowie dem strukturierten und offenen Vorgehen gleichermaßen Rechnung trägt. Dabei werden auch Ansätze des Orff-Schulwerks angesprochen.

Seit über 20 Jahren bin ich als Sonderpädagoge in der Kieler Klinik für Kinder- und Jugendpsychiatrie und Psychotherapie tätig, einer universitären Einrichtung mit einer Kinderstation, zwei Jugendlichen-Stationen und einer relativ freien "Übergangsstation" für Jugendliche mit einer verstärkten Außenverlagerung der Aktivitäten (Lehre, Schule, Freizeit...) und einer Tagesklinik.
Die Betreuung der pro Station sechs bis acht Patienten mit neurotischen und oder psychotischen Störungsbildern erfolgt auf drei Ebenen, die im Rahmen regelmäßiger Team-Besprechungen aufeinander abgestimmt werden.

1. Psychotherapie (Ärzte, Psychologen)

2. Heilpädagogik

- Aktivitäten wie Werken, Malen, Tonen, Sport, Schwimmen (heilpäd. Pflegepersonal)
- Gruppentherapie (heilpäd. Pflegepersonal mit Ärzten / Psychologen)
- Therapeutisch orientiertes Musizieren (Musik-Sonderpädagoge)

3. Schule (Lehrkräfte aller Schularten)

Musik im Schnittfeld von Musikpädagogik und Musiktherapie

Bei den musikalischen Aktivitäten geht es nicht um die verbale Aufarbeitung psychischer Konflikte, sondern um die Sensibilisierung und Förderung der e-motionalen, sensomotorischen und sozialen Wahrnehmung mit dem Mittel der Musik. Das dabei zutage tretende Schnittfeld von Pädagogik, Sonderpädagogik und Therapie mag an der folgenden Abbildung deutlich werden.

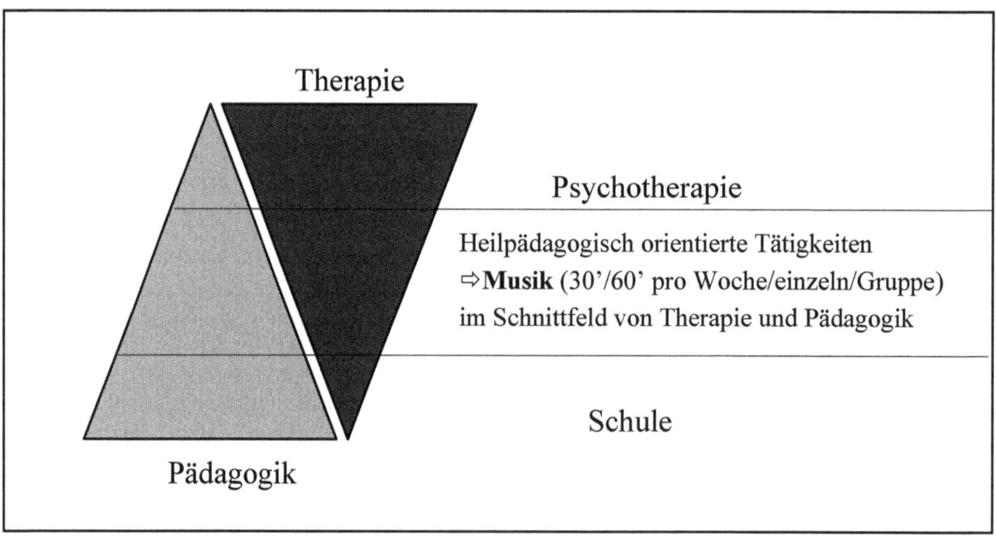

Abb.1:   Musik im Schnittfeld von Therapie und Pädagogik (vgl. Tischler 1983, S. 93)

Ausgangspunkt für die musiktherapeutisch orientierten Aktivitäten ist unter

Berücksichtigung der Krankheitssymptomatik die musikalische Lerngeschichte und damit verbundene Erwartungshaltung im Hinblick auf den Umgang mit Musik.

Diese ist bei vielen Jugendlichen im Sinne traditionellen Singens und Musizierens - wie aus dem schulischen Musikunterricht bekannt- relativ festgelegt. Rigide emotionale Strukturen, wie wir sie zum Beispiel bei vielen magersüchtigen Patientinnen finden, werden hierbei offenbar, spiegeln sich in entsprechenden musikalischen Strukturen wider und äußern sich mitunter in Form heftiger Abwehr musikalisch offener, freier Betätigung, wie wir sie in der Improvisation bzw. bei Improvisationsspielen haben[93].

Solchen Jugendlichen kommt zunächst der musikalische Umgang entgegen, der möglichst eng an eigenen (musikalischen) Identifikationsmustern orientiert ist. So erweisen sich Musikformen, die an die jeweiligen grundlegenden Rezeptionsweisen anknüpfen und einen mittleren Bekanntheitsgrad aufweisen, als sinnvoller möglicher Einstieg.

Indem dieser auf der musikalischen Ebene erfolgt, besteht keine Bedrohung auf der persönlichkeitsspezifischen, symptomatischen Ebene, wie zum Beispiel in Form gruppendynamisch orientierter freier Improvisationen oder Improvisationsspiele. Man kann seine Gefühle also gut hinter einer Melodie, einem Rhythmus "verstecken" und je strukturierter und vorgegebener die musikalischen An-gebote dabei sind, desto weniger ist man emotional exponiert.

Die musikalisch-vorstrukturierte Ebene kann allerdings Versagensängste im Sinne musikalischer Insuffizienz hervorrufen. Vor diesem Hintergrund ist es wichtig, die jeweiligen musikalischen Vorkenntnisse und Fertigkeiten behutsam auszuloten.

Eine bedeutsame Rolle spielt in diesem Zusammenhang auch das eingesetzte Medium. Stimme/Singen und Bewegung/Tanz sind körpernahe Ausdrucksmittel, die emotional näher und damit auch angstauslösender sein können als zum Beispiel elementar zu handhabende Instrumente, die als emotional schützender Katalysator fungieren können.

---

[93] vgl. auch Tischler 1983, 123f.; Wölf 1999, 123f.

Die Beziehung zwischen musikalischer und persönlichkeitsbezogener Strukturiertheit im Hinblick auf therapeutisch bedeutsame Belange sei an folgendem
Schaubild veranschaulicht:

Musiktherapie

Musikalische Aktivität	Musikalische Strukturiertheit	Persönlichkeitsbezogener Aspekt		Emotionale Dichte
Improvisation	Aufgelöste Strukturen	Gefühle/Angst/ Verletzbarkeit Öffnung Nähe	Erweiterter Ausdruck Kreativität Verantwortung	Stimme/ Körper
Reproduktion	Feste Strukturen	Identifikation Orientierung Anpassung Distanz Erfolgserlebnis Leistungsangst	Eingegrenzter Ausdruck/ Einengung Imitation	Instrumente

Musikpädagogik

Abb.2: Musikalisch und persönlichkeitsbezogenen Strukturiertheit (vgl. Tischler 1983,
S.123)

Die beabsichtigten Zielsetzungen, nämlich sich und den Anderen wahrzunehmen, adäquat zu reagieren, sich emotional einzulassen und auszudrücken sowie
Verantwortung durch eigene musikalische Initiativen zu übernehmen, wird von
daher zunächst auf der Grundlage einfacher, kleiner Musizierstücke oder strukturierter Instrumentalspiele, also von der musikalischen-produktorientierten
Ebene aus angegangen.

In kleinen Schritten werden dann zunehmend freiere Elemente eingebaut, die
zu offeneren Ausdrucksformen führen und damit stärker persönlichkeitsspezi-
fische und interaktionale Bereiche berühren.

130

Falldarstellung

Die 13-jährige Anna (Name geändert, der Verf.) wurde stationär aufgenommen wegen einer Anorexia nervosa (Magersucht) vor dem Hintergrund einer neurotisch-depressiven Entwicklung. Die Aufnahme erfolgte, nachdem die 160 cm große Patientin bei einem Ausgangsgewicht von 47 kg über 5 kg abgenommen hatte. Weitere Symptome waren: fluktuierende Zwänge, phobische Neigungen, Interessenlosigkeit, Antriebsverlust, Schlafstörungen. Die Patientin war eine sehr gute, bemühte und erfolgreiche Gymnasiastin, die aber eigentlich nicht mehr weiter machen wollte. Die außerhalb der Familie gehemmt und scheu wirkende Patientin fiel in der Familie unter anderem wegen ihrer Tobsuchtsanfälle auf, die sich bis zum Werfen von Gegenständen manifestierten.

1. Sitzung:

Anna hatte mehrere Jahre Klavierunterricht und übt im Rahmen der stationären Behandlung mehrmals wöchentlich im Musikraum allein. So kommt sie auch an diesem Vormittag eigentlich nur zum Klavierüben. Hatte sie die Absprache mit ihrem Psychotherapeuten vergessen, in Zukunft einmal pro Woche mit mir Musik zu machen?

Der Psychotherapeut bat mich darum, weil er therapeutisch nicht weiterkäme. Über musikalische Aktivitäten erhoffte er sich eine emotionale Auflockerung als eine grundlegende Basis für die weitere psychotherapeutische Aufarbeitung der Problematik (Magersucht).

Anna ist dabei, sich ans Klavier zu setzen, abwartend, dass ich den Raum verlasse. Auf meine Worte, dass doch abgemacht sei, nun auch gemeinsam Musik zu machen, schaut sie ausweichend auf den Boden. Ich sage ihr daraufhin, dass sie ja mit dem Klavierüben schon mal allein anfangen könne, da ich sowieso noch einige Instrumente umräumen müsse.

Nachdem sie bewegungslos längere Zeit stehen bleibt, biete ich ihr an, auch jedes andere im Raum stehende Instrument ausprobieren zu können (Schlagzeug, Keyboard, Bass-Xylophon, Metallophon, Congas, Bongos, zwei Tempelblock-Sets, Gitarre, Klavier). Unentschlossen bleibt sie stehen.

Auf eine nochmalige deutlichere Aufforderung begibt sich Anna eher lustlos an ein Tempelblock-Set (fünf Holzblocktrommeln an einem Ständer befestigt). Reglos bleibt sie dann vor dem Instrument stehen; auch der Aufforderung, das Instrument auszuprobieren, folgt sie nicht. Ich spiele schließlich ein einfaches kurzes rhythmisches Motiv auf dem gegenüber stehenden zweiten Tempel-block-Set vor und lasse sie dieses Motiv nachspielen.

Zum ersten Mal lässt sie sich - zumindest äußerlich - ohne Widerwillen auf ei-ne musikalische Aktion, das heißt Reaktion ein. Sie wiederholt das Motiv feh-lerfrei. Ich spiele dann verschiedene, zwischendurch auch kompliziertere Rhythmen vor, die sie mit großer Sicherheit wiederholt. Sie selbst lässt sich zu keinem Zeitpunkt auf meine in Abständen immer wieder vorgetragene Auffor-derung ein, sich selbst ein kleines Motiv auszudenken.

Ich differenziere nun zunehmend die musikalischen Aufgaben. In diesem Zu-sammenhang spiele ich Ein- und Ausstiegssignale in Form zweitaktiger Rhyth-men vor, auf die sie exakt musikalisch reagiert. Die unterschiedlich klingenden Tempelblocks ordne ich dann korrespondierenden Tönen auf dem Klavier zu. Ich spiele auf dem Klavier kleine melodische Motive vor, die Anna wiederum auf Anhieb äußerst sicher und exakt nachspielt.

Zusammenfassende Auswertung

-   Keine Bereitschaft zu eigener musikalischer Äußerung;

-   Bereitschaft zu musikalischen Aktionen, die mit musikalisch eng struktu-rierten Aufgabenstellungen verbunden sind;

-   Zu beobachten sind: sehr gute auditive Wahrnehmungs- und Reaktions-fähigkeit sowie rhythmische und melodische Sicherheit.

Weiterer Verlauf

Es folgen mehrere Sitzungen mit verschiedensten strukturierten musikalischen Angeboten: Vor-, Nachspiele, Fill-in, Signal- und Reaktionsspiele, Ostinato-Spiele u.a., auf die sich Anna mal mehr, mal weniger einlässt.

In der 6. Sitzung agiert Anna zum ersten Mal musikalisch selbständig, als sie rhythmische Ostinati auf verschiedene Töne auf dem Xylophon überträgt und immer wieder variiert.

Bei der Instrumentenwahl wartet sie noch auf meine Vorschläge, wobei sie sich am wohlsten mit Instrumenten zu fühlen scheint, die mit Schlägeln zu spielen sind (Tempelblocks, Stabspiele, Schlagzeug). Beim Bongospiel mit direktem Körperkontakt zum Fell äußert sie Missbehagen. Insgesamt ist eine zunehmende Lockerheit erkennbar, jedoch noch nicht das Übernehmen eigener Initiative oder Entscheidung.

In der 10. Sitzung kommt es zu einer Krise. Anna verweigert ohne sichtlichen Grund die Mitarbeit. Das auch in anderen Bereichen beobachtete Verweigerungsverhalten wird von uns als Manipulationsversuch der Patientin gedeutet, nach dem Motto: "Seht doch, wie krank ich bin." Wir beschließen, uns nicht beirren zu lassen und fangen praktisch wieder von vorne an.

In der 14. Sitzung zeigt sich Anna noch nicht bereit, eigene Motive oder Klang-folgen zu spielen. Hingegen lässt sie sich auf den freien Umgang mit vorstrukturierten "musikalischen Bausteinen" mittlerweile gut ein. Immerhin gelingt es ihr, minimale Alternativ-Entscheidungen zu treffen, z.B. die Reihenfolge musikalischer Motive/ Themen selbst zu bestimmen. Als sich im weiteren Verlauf Anna im Rahmen eines erlernten kleinen Spielstückes verspielt, fängt sie an zu weinen und ist an diesem Tag nicht mehr zum Weiterspielen zu bewegen.

Auf meine in der darauffolgenden Sitzung gestellte Frage, mit welchem Instrument sie heute anfangen wolle, reagiert sie nicht. Die Frage "Was willst du?", beantwortet sie mit "Gar nichts!". Ohne darauf weiter einzugehen, fordere ich sie auf, sich ans Xylophon zu setzen und nach bekanntem Muster ein Spielstück zu erlernen, das wiederum kleine variierbare Bausteine enthält. Darauf lässt sie sich wieder ein.

In der 17. Sitzung erscheint Anna mit Sonde (künstliche Ernährung). Sie ist ‚gut drauf'. Mit den zuletzt erlernten musikalischen Bausteinen im Rahmen des Spielstückes geht sie locker und flexibel um. Sie schafft es sogar, sich vom Spielstück losgelöste eigene musikalische Motive auszudenken, indem ich diese Tätigkeit als anspruchsvolle musikalische Aufgabe deklariere. Es kommt zum ersten kleinen wechselseitigen Dialog, zunächst noch beschränkt auf einen eingegrenzten Viertönevorrat.

In der darauf folgenden Sitzung ist zum ersten Mal eine anorektische Mitpatientin dabei. Anna lässt sich zum ersten Mal in eine längere (Ostinato-) Improvisation ein und geht von sich aus zum ersten Mal ans Klavier.

Zunehmend steigt Anna auf Melodie-Variationen ein, erfindet eigene Motive, hört differenziert auf Mitspieler, verändert kreativ. Schließlich äußert sie von sich aus den Wunsch, ein neues Stück zu spielen.

In der 23. Sitzung kommt eine dritte Patientin hinzu. Wir greifen das Stück vom letzten Mal auf, wobei ich den Schwerpunkt auf die zweitaktige Pause am Ende eines jeweiligen Durchgangs lege. Das "Fill-in" wird als Ausgangspunkt einer freien Improvisation genutzt, das heißt die zwei Takte werden beliebig verlängert. Anna spielt zum ersten Mal in diesem Zusammenhang harmoniefremde Klänge, ja auch Geräusche. Sie experimentiert und wagt.

Die Patientin wurde nach ca. einjährigem stationären Aufenthalt entlassen und in zunehmend größeren Abständen ambulant betreut. Ein Rückfall in die Grunderkrankung ist mir nicht bekannt.

Die Verbindung zum Orff-Schulwerk

In den sich manifestierenden und gegenseitig ergänzenden Polen von Struktur und Freiheit, Reproduktion und Improvisation, musikalischem Anspruch und persönlichkeitsspezifischem Ausdruck, Leistungsverhalten und Erleben, Elementarem und Komplexem, Produkt und Prozess sehe ich eine unmittelbare Nähe zum ganzheitlichen Musikverständnis des Orff-Schulwerks, dessen Grundverständnis für mich in der Balance, der Ausgewogenheit genannter Elemente liegt.

Ausgangspunkt sind meist kurze elementare Spielstücke, die vergleichbar den Spielstücken des Orff-Schulwerks Grundlage für weiterführende Variationen und Improvisationen, für Eigenaktivität und Fantasie sind.

Die als Einheit aufzufassende Verbindung von Musik, Sprache und Bewegung mag in meiner klinisch orientierten Tätigkeit nicht immer voll zum Tragen kommen. Ich versuche sie jedoch ansatzweise zu integrieren, und sei es nur in der Versprachlichung von Rhythmen, rhythmisch-rapartigem Sprechen (häufig auch selbst verfasster Texte) oder dem bewussten mit Bewegung verbundenen Wechsel von Instrumenten. In diesem Zusammenhang habe ich gute Erfahrungen mit dem sogenannten Gong-Spiel gemacht. Es gibt wertvolle diagnostische Einblicke in den Umgang mit Instrumenten, in das Aushaltenkönnen von klanglichem Chaos, in Reaktions- und Entscheidungsfähigkeit, in Grad von Flexibilität und Beweglichkeit, in Führen und Anpassen:

Bevor der von einem beliebigen Gruppenmitglied angeschlagene Gong verklungen ist, muss ein jeder hinter einem der im Raum verteilten Instrumente stehen und darauf nach eigenem Belieben spielen, bis der Gong von irgendeiner Person wieder angeschlagen wird, und das Instrument gewechselt werden muss. Bei zweimaligem Gongschlag ist das Spiel beendet.

Literatur:

Tischler, Björn (1983): Musik bei neurosegefährdeten Schülern. Bosse: Regensburg

Wölf, Andreas (1999): Stationäre Musiktherapie mit einer schizophrenen Jugendlichen. In: Haffa-Schmidt, Ulrike; von Moreau, Dorothee, Wölf, Andreas (Hg.): Musiktherapie mit psychisch kranken Jugendlichen. Vandenhoeck & Ruprecht. Göttingen, S. 121-136

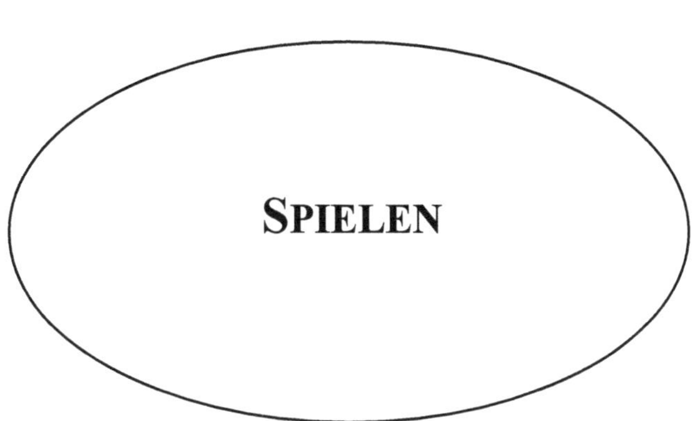
SPIELEN

Die Rolle des Spiels
in der musikalischen Entwicklung des Kindes

Rolf Oerter

Merkmale des Spiels

Wir konzentrieren uns auf drei generelle Merkmale, die mit unterschiedlicher Gewichtung in allen Spielformen und letztlich auch auf allen Altersstufen vorkommen. Das erste Merkmal ist der *Selbstzweck* des Spiels. Es wird um seiner selbst willen betrieben und dient nicht einem Zweck außerhalb des Spiels. Anders ausgedrückt, Spielhandlungen bleiben ohne Konsequenzen. Die damit verbundene Motivation ist daher intrinsisch und oft mit dem Flow-Erlebnis verbunden. Kennzeichen des Flow sind beim Spiel vor allem der Verlust des Zeitgefühls, die Versenkung in die Spielhandlung und damit oft eine Verwischung der Grenzen zwischen Selbst und Umwelt, schließlich die Freude über die Meisterung einer Aufgabe („Schau, was ich kann!").

Immer wenn Musizieren Spiel ist, wird es Selbstzweck und versetzt in den geschilderten Motivationszustand. Oft ist es gerade die Musik, die in besonderem Maße Versenkung, Verlust des Zeitgefühls und Flow vermittelt.

Die Vorteile der Spielhaltung beim Musizieren liegen auf der Hand. Eine Tätigkeit, die um ihrer selbst willen betrieben wird, erfordert keine willentlichen Impulse, um bei der Sache zu bleiben. Es entsteht, solange die Spielhaltung aufrecht erhalten werden kann, keine Langeweile. Was sonst schon nach kurzer Zeit zum Überdruss führen kann, nämlich Musizieren als „ernsthaftes" Üben, bleibt im Spiel attraktiv.

Damit sind wir bereits beim zweiten Merkmal, der *Wiederholung* und dem *Ritual*. Einzelhandlungen werden im Spiel unzählige Male wiederholt, wobei kaum Ermüdungserscheinungen auftreten. Die Wiederholung dient mehreren Zwecken. Einmal erfährt das Kind durch die Handlung positive Verstärkung und sucht diesen Effekt wieder herbeizuführen. Durch wiederholendes Probieren gelingt eine intendierte Handlung immer besser, so dass Wiederholung zur Optimierung der Handlung beiträgt. Schließlich aber arbeitet das Kind durch

Wiederholung traumatische Erlebnisse auf. Sie werden im Spiel umgestaltet, erhalten z.B. einen guten Ausgang und führen so zum Abbau von Ängsten.

Beim Musizieren steht Wiederholung als lustvoller, sich selbst verstärkender Vorgang im Vordergrund. Wiederholung als Übung geschieht ohne merkliche Anstrengung und Ermüdung, so dass unter günstigen Bedingungen, d.h. bei richtigem Üben, große Fortschritte erzielt werden können.

Vielfach haben die Spielhandlungen der Kinder Ritualcharakter, sie werden übertrieben, mit ,prägnanter Gestalt' durchgeführt. Rituale verleihen Sicherheit und vermitteln zugleich eine Überhöhung der Selbsterfahrung. Durch ritualisiertes Handeln erlebt man sich aus dem Alltag hervorgehoben, die Welt verliert an Trivialität, das Geschehen wird überhöht. Dies gilt auch, und im besonderen Maße fürs Musizieren, denn es hebt die Spieler aus dem Einerlei des alltäglichen Geschehens heraus und beinhaltet gewöhnlich eine Reihe von Ritualen, die bei den Vorbereitungen zum Umgang mit dem Instrument beginnen und bis zu Ritualen beim öffentlichen Vorspiel reichen.

Dies führt uns zum dritten Merkmal, der *Realitätstransformation.* Im Spiel schafft sich das Kind einen anderen Realitätsrahmen, in dem es folgenlos agieren kann, seine Wünsche illusionär, dafür aber sofort befriedigt und die Realität zu seinen Gunsten verändert. Der Kunstgriff der Realitätsveränderung schützt das Kind vor einseitigem Sozialisationsdruck, stärkt das Selbst und fördert zudem die Beweglichkeit von Repräsentationsleistungen, die das Denken in Möglichkeiten sowie Alternativen und damit auch Denken als Planen beinhaltet. Aber es dominiert nicht das rationale Denken, sondern das Wunschdenken, die persönlichen Bedürfnisse und Anliegen und somit die Gestaltung der Welt nach eigenem „Bild und Gleichnis".

Die Realitätstransformation gilt auch für das Musizieren. Beim Singen oder Umgang mit Instrumenten taucht das Kind gewissermaßen in eine andere Welt ein. Dies zeigt sich bereits äußerlich an Mimik und Gestik, an dem veränderten Bewegungsablauf, der rhythmischer und tänzerischer wird. Musik als neuer Realitätsrahmen kann verschiedene Formen annehmen, je nach der Art des Spiels, mit dem sich das Kind gerade beschäftigt. Davon wird noch genauer die Rede sein. Wichtig bleibt festzuhalten, dass die Realitätstransformation bei Musik, besonders bei Musik als Spiel, eine andersartige emotionale Erlebniswelt eröffnet, wie sie in anderen Spielformen nicht anzutreffen ist.

Drei Ebenen der Spielhandlung

Leontjew[94] führt den Tätigkeitsbegriff der russischen Schule (Wygotski, Luria) weiter und unterscheidet drei Ebenen der Handlung. Die unterste Ebene bilden die *Operationen*. Dies sind automatisierte Handlungen, die z. T. sehr rasch ablaufen, nicht mehr bewusst sind sowie wenig Speicherplatz im Arbeitsgedächtnis und wenig psychische Energie brauchen. Operationen sind nötig, um überhaupt Handlungen durchzuführen. Zu ihnen gehören Greifen, Gehen, Laufen, Sprechen, aber auch Lesen und Schreiben. In der Musik sind es motorische Schemata, wie Tonleitern, Arpeggien oder andere, immer wiederkehrende Figuren.

Die nächste Ebene bilden die *Handlungen*. Sie laufen bewusst ab und sind zielgerichtet. Während Operationen Mittel für Handlungen darstellen, gehört zu den Handlungen selbst konstitutiv das Ziel. Handlungen sind generell, also auch im Spiel hierarchisch geordnet. Elementare Handlungsschemata, wie ein musikalisches Motiv, fügen sich in übergeordnete Handlungen, wie eine musikalische Phrase, ein. Diese wiederum ist eingebettet in ein musikalisches Ganzes, also ein Lied oder ein Instrumentalstück.

Spielhandlungen lassen sich sowohl nach Themen (Pflegen, Familie, Autofahren, Superman etc.) als auch nach der Spielform (Als-ob-Spiel, Rollenspiel, Konstruktionsspiel, Regelspiel) klassifizieren. Eine Systematisierung von solchen Handlungen ist für die Beziehung zum Musizieren nicht ohne Bedeutung, da sich altersspezifische Besonderheiten beim Spiel ergeben, auf die später noch eingegangen wird.

Die oberste Ebene ist die *Tätigkeitsebene*. Sie stellt den Rahmen für Handlungen dar und gibt das Motiv und den Sinn für die Handlungen ab. Die Tätigkeitsebene ist nicht oder nur teilweise bewusst, denn sie entspringt aus den gesamten bisherigen Lebenserfahrungen, die niemals simultan repräsentiert werden können, da unser Arbeitsspeicher dafür zu klein ist. Im Spiel bildet die Tätigkeitsebene zunächst die jeweilige Thematik, die das Kind beschäftigt, z.B. Geschwisterrivalität, Erwachsen-werden-wollen, Auseinandersetzung mit Krankheit, Strafe, Unfall etc. Daneben gibt es noch eine allgemeine Auseinandersetzung des Selbst mit der Umwelt, die sich vor allem im Umgang mit Ges-

---

[94] Leontjew, A. N. (1977): Tätigkeit, Bewußtsein, Persönlichkeit. Stuttgart: Klett-Cotta.

taltungsmaterialien zeigt, wie mit Wasser, Plastilin und Bausteinen. Beispiele für die Tätigkeitsebene im Spiel sind die Bearbeitung der Ablösung (relative Selbständigkeit) mit etwa zwei Jahren, die Wiederholung eines traumatischen Erlebnisses (z. B. sich verlaufen), Konflikte zwischen den Eltern und Schulprobleme.

Musizieren als Spiel ereignet sich ebenfalls auf dieser Ebene. Musik wird zum Sinn der Handlung. Sie kann Trost bedeuten, in eine Welt des Schönen und Erhebenden entführen, besondere Erlebnisse beim gemeinsamen Musizieren vermitteln oder sogar die Erfahrung von Transzendenz ermöglichen. Solche Sinngebungen durch Musik sind im Spiel häufig leichter möglich als in der Ernstsituation. Bei Kindern gilt dies insofern schon, als für sie Spiel noch die Haupttätigkeit darstellt. Aber auch Jugendliche und Erwachsene können sich durch die Spielhaltung leichter vom Alltagsballast lösen und so zu sinnstiftenden Erfahrungen durch die Musik gelangen. Die Musikbegeisterung Jugendlicher für „ihre" Musik ist eine typische Form der Daseinsbewältigung, die als sinnstiftende Tätigkeit erfahren wird.

Die Tätigkeitsebene kann handlungstheoretisch auch als aktives Wechselspiel von Person und Umwelt aufgefasst werden. Diese Fähigkeit, sich und die Welt gewissermaßen ein zweites Mal zu repräsentieren, führt zu einem besonderen Verhältnis zwischen Selbst und Umwelt, das durch die beiden Begriffspaare Aneignung – Vergegenständlichung und Subjektivierung – Objektivierung gekennzeichnet werden kann. Das erste Begriffspaar beschreibt in quasiräumlichen Termini die Auseinandersetzung mit der Umwelt.

Bei der *Vergegenständlichung* wirkt der Akteur in die Umwelt hinein, verändert sie durch die Benutzung von Gegenständen oder durch die Herstellung neuer Gegenstände. Im Musizieren als Spiel zeigt sich Vergegenständlichung in Form des Improvisierens und generell des Singens, dabei auch in der Darstellung von Thematiken, die das Kind gerade beschäftigen, als erzählende Darstellung eines Themas, etwa beim Betrachten eines Bildes und schließlich beim gemeinsamen Musizieren, das nur gelingt, wenn musikalische Regeln beachtet werden. Bei der musikalischen Vergegenständlichung sind grob- und feinmotorische Leistungen, die Sprache und das Singen beteiligt. Aber immer spielen auch kognitive Leistungen, wie Denken und Planen eine wichtige Rolle.

Die *Aneignung* ist die gegenläufige Bewegung, sie nimmt Umweltereignisse auf, indem sie in das bisherige Wissen eingeordnet werden oder indem das, was man an Bewegungen und Fertigkeiten beobachtet hat, durch Nachahmung und Übung gelernt wird. Bei der Aneignung sind also Prozesse der Wahrnehmung, der Nachahmung, der Übung und Wiederholung sowie des Gedächtnisses und der kognitiven Strukturierung beteiligt. Musikalische Aneignung geschieht durch hörendes Lernen und Einprägen sowie auch durch Beobachten musikalischer Modelle.

Eine typische Form des Zusammenspiels von Vergegenständlichung und Aneignung zeigt sich in der Musik im Ablauf von Hören und Spielen bzw. Singen. Dies geschieht aber keineswegs immer in unmittelbarer zeitlicher Folge, sondern oft in zeitlich getrennten Perioden. Gesangsimprovisationen der Kinder beispielsweise werden auch durch bestimmte anregende Bedingungen, wie einer Spielhandlung, die durch Singen begleitet wird, oder als musikalischer Kommentar zu Bildern und nicht nur in Form einer unmittelbaren Antwort auf musikalische Reize angeregt.

Subjektivierung und Objektivierung beziehen sich auf die Erkenntnishaltung des Akteurs. Bei der *Subjektivierung* wird das Handlungsgeschehen den subjektiven Bedürfnissen und Wissensstrukturen angepasst. So mag ein Kind seine aktuelle Befindlichkeit durch Singen oder Trommeln ausdrücken. Bei der *Objektivierung* richtet sich der Akteur nach den physikalischen und sozialen Gegebenheiten. In der Musik heißt dies, getreu einem musikalischen Vorbild oder einer musikalischen Regel zu musizieren.

Tabelle 1 veranschaulicht das Zusammenwirken der vier Handlungskomponenten an Beispielen musikalischer Tätigkeit im Spiel. Subjektivierende Aneignung haben wir beim Anhören und Genießen von Musik vor uns, denn dabei geht es schwerpunktmäßig um das Ansprechen der eigenen Bedürfnisse und Wünsche. Subjektivierende Vergegenständlichung zeigt sich im Improvisieren des Kindes als Begleithandlung zu anderen Spieltätigkeiten oder im improvisierenden Singen bei einem Als-ob-Spiel, in dem das Kind einen Sänger darstellt.

	Subjektivierung	**Objektivierung**
Aneignung	Musik genießen	Sich ein Lied einprägen
Vergegenständlichung	**Improvisieren**	Ein Musikstück spielen Ein Lied singen

Tab.1: Das Zusammenwirken von vier Handlungskomponenten in der Musik

Objektivierende Aneignung zeigt sich im musikalischen Bereich, wenn das Kind sich ein Lied einprägt, was gewöhnlich in Form von implizitem, also nicht bewusstem und intentionalem Lernen geschieht. Untersuchungen über die Entwicklung des musikalischen Verständnisses haben gezeigt, dass Kinder schon im ersten Lebensjahr musikalische Strukturen erfassen[95]. Das Musizieren eines bestimmten Stückes ist vorwiegend objektivierende Vergegenständlichung, denn dabei geht es ja um die adäquate Wiedergabe. Echtes Musizieren, ob im Spiel oder in der Berufspraxis, enthält jedoch auch immer einen Anteil an subjektivierender Vergegenständlichung. Als weiteres Beispiel für objektivierende Vergegenständlichung lässt sich gemeinsames Musizieren anführen, denn obwohl dabei immer Subjektivierung im Spiel ist, kann es nur gelingen, wenn sich die Beteiligten an musikalische Regeln halten und damit diese „objektivieren". Die vier Grundkomponenten von Handlung bilden den allgemeinen Rahmen menschlicher Tätigkeit. Sie gewährleisten emotionale Sicherheit, das Bewusstsein von Kontrolle und ein Realitätsverständnis, das auf dem jeweils erreichten Niveau angemessen zu handeln erlaubt. Damit dienen auch im Spiel die genannten Handlungskomponenten der mentalen Hygiene und gewährleisten eine gedeihliche Entwicklung. In unserer Kultur ist das Verhältnis der Grundkomponenten der Handlung nicht ausgewogen. Besonders in der

---

[95] Trainor, L. J. (1991). What makes a pattern good? Infants' processing of melodic structure. Paper presented at the Society of Research in Child Development, Seattle, WA.

144

Musik besteht ein starker Überhang an Aneignung, während die Vergegenständlichung mit zunehmendem Alter immer weiter zurücktritt.

Infolge der wachsenden Lebenserfahrung, der anstehenden Entwicklungsaufgaben und der aktuellen Bedürfnisse entwickeln sich aus dem allgemeinen Person-Umwelt-Verhältnis Thematiken, die zur Bearbeitung anstehen. Solche Thematiken lassen sich in längerfristige bzw. langfristige und kurzfristige Thematiken aufgliedern. Eine Möglichkeit der Systematisierung langfristiger Thematiken ist die Orientierung an Entwicklungsaufgaben. Sie stellen sich als kulturell normierte Ziele zu bestimmten Zeitpunkten ein und können im Spiel vorweggenommen und bearbeitet werden. In diesem Falle kann man von Entwicklungsthematiken sprechen. Sie reichen von dem allgemeinen Entwicklungsziel des Erwachsenwerdens bis zur Auseinandersetzung mit aktuell anstehenden Entwicklungsaufgaben, wie der Sauberkeitserziehung, dem Kindergartenbesuch und dem Schuleintritt. Eine zweite Gruppe von Thematiken hat mit der Entwicklung und Ausformung des Selbst zu tun, ohne dass die Kultur konkrete Aufgaben vorschreiben würde. Solche Thematiken sind Bindung und Bezogenheit sowie Autonomie und Kontrolle. Beide allgemein anthropologischen Anliegen verschränken sich dann mit kulturellen Normen. Kinder spielen diese Thematiken in vielfältiger Weise aus. Im folgenden seien einige Beispiele zur musikalischen Spielhandlung angeführt.

Der fünfjährige Tobias tollt im Zimmer herum und wirft mit dem Ball umher. Dabei trifft er eine große Topfpflanze, die beinahe umfällt. Später, zum Singen aufgefordert, improvisiert er das Geschehnis in Liedform (siehe Abbildung 1a).

Andere Gesänge des Jungen beziehen sich auf seine Furcht vor Schlangen und seine zwiespältigen Erlebnisse mit der Geisterbahn (siehe Abbildung 1b).

Ein weiteres Beispiel bildet die gesungene Erzählung von einer Eidechse, die bei der Rast während einer Wanderung unbemerkt in den Rucksack kroch und mit nach Hause gebracht wurde (siehe Abbildung 2).

a) Die Blätter

Abb. 1: Verarbeitung aktueller Ereignisse und Ängste beim Improvisieren
  a)   Vorheriges Ereignis, bei dem Tobias (6 Jahre alt) einen Ball ver-
         sehentlich auf eine Topfpflanze geworfen hat.

b) Schlange in der Geisterbahn

Abb. 1b): Verarbeitung des Appetenz-Aversions-Konflikts von Schlangenfurcht und Geisterbahn (Tobias, 5 Jahre alt)

Abb. 2: Verarbeitung eines Wandererlebnisses (Fabian, 6 Jahre)

Der gemeinsame Gegenstandsbezug: Das Kernstück der Interaktion

Arten von Gegenständen im Spiel

Menschliches Handeln bezieht sich immer auf Gegenstände. Solche Gegenstände lassen sich mit Popper[96] in drei Klassen einteilen: materielle Objekte, Gegenstände des Wissens und psychologische Gegenstände (Begriffe für psychische Zustände und Prozesse). Für das Spiel des Kindes sind zunächst materielle Objekte wichtig. Zu ihnen gehören Personen und Sachen, letztere stehen in unserer Kultur als Spielzeug zur Verfügung, wobei zwischen Replika (Nachbildungen wie Puppen, Autos und Häuser), vieldeutigem Spielmaterial (Bauklötze) und Werkzeugen (wozu auch Sportgeräte gehören) unterschieden werden kann. Es gibt bekanntlich auch musikalisches Spielzeug, allerdings von zweifelhaftem Wert, wie Tröten, Plastikgeigen und -gitarren, Trommeln etc. Echte „Spielgegenstände" für Musik als Spiel sind auch nur echte Instrumente. Da aber Musizieren mit Instrumenten meist eine lange Lernzeit erfordert, ist das Orff-Instrumentarium besonders hervorzuheben. Auch selbstgefertigte Instrumente sind hier von großer Bedeutung, weil das Musikinstrument von der Herstellung bis zum Spiel in einer Hand bleibt (siehe hierzu den Beitrag von Erich Heiligenbrunner). Hier wird deutlich, wie sorgsam man bei Wahl und Angebot von Musikinstrumenten vorgehen muss, will man die Musik selbst dabei nicht zu kurz kommen lassen.

Eine weitere Gruppe von Gegenständen bilden die Spielthemen, die Sujets, die den Spielrahmen darstellen. Sprachlich äußern sie sich in der Wendung „jetzt spielen wir...". Im Rollenspiel oder in anderen Formen des Sozialspiels müssen Sujets erst vereinbart werden, weshalb sie hier auch explizit werden. Beim Musizieren ist die Musik selbst das Thema, das Sujet. Die Kinder benutzen dabei u.a. fiktive Gegenstände, wie eine Holzwalze als Mikrophon, in das sie hinein singen. Musik als Sujet entartet dabei oft zur Nebensache, es geht mehr um die Lautstärke und das Posieren, das man den Schlagersängern nachahmt.

---

[96] Popper, K. R. (1973): Objektive Erkenntnis. Ein evolutionärer Entwurf. Hamburg: Hoffmann & Campe.

Der gemeinsame Gegenstandsbezug

Im Spiel generell, wie im musikalischen Spiel im besonderen interessiert nun nicht nur der Gegenstandsbezug schlechthin, sondern mehr noch, wie sich zwei oder mehr Personen auf den Gegenstand richten und ihn so zu einem gemeinsamen Gegenstand machen. Theoretisch betrachtet ist jede reife soziale Interaktion ein gemeinsamer Gegenstandsbezug. Wenn zwei Personen in Kontakt treten, dann interagieren oder kommunizieren sie über einen gemeinsamen Gegenstand. Kooperatives Handeln beispielsweise bedeutet, dass zwei oder mehr Partner etwas Gemeinsames (gleiche oder komplementäre Aktionen) am Gegenstand ausführen.

Alle diese Merkmale gelten auch fürs spielende Musizieren. Über Musik kann noch kommuniziert werden, wenn andere Wege verschlossen sind. Deshalb ist die Musiktherapie bei behinderten und entwicklungsgestörten Kindern so wichtig und auch so erfolgreich. Andererseits bedeutet gemeinsames Musizieren eine mehr oder minder komplizierte Abstimmung der musikalischen Handlungsweisen. Daher empfiehlt es sich, dass bei musikalischer Interaktion kompetente Partner beteiligt sind, die das Spiel koordinieren und sich selbst an die musikalischen Äußerungen der Kinder anpassen können.

Für die Regulierung eines koordinierten Handlungsablaufes tragen in jedem Spiel Regeln bei, die entweder implizit als Skript oder explizit als vereinbarte Regeln (Regelspiel) oder teilweise implizit und explizit als Rollenvorschriften existieren. Dies gilt natürlich ganz besonders für das musikalische Spiel, denn die Musik schreibt strenge Regeln vor, und Musizieren ohne Regeln ist eigentlich ein Widerspruch in sich. Auf den Aspekt musikalischer Regeln werden wir noch später zu sprechen kommen.

Die Zone nächster Entwicklung

Spiel und spielendes Musizieren sind als Tätigkeit mit Selbstzweck zunächst nicht auf Fortschritt und Entwicklung gerichtet. Aber sie können in den Dienst von Lernen und Entwicklung gestellt werden. Dies ist möglich, wenn Spiel in die Zone nächster Entwicklung (ZNE) geführt wird[97].

Mit ihr ist die Entwicklungsregion gemeint, die sich das Kind mit sozialer Hilfe als nächstes erobert. Sie ist die Zone oberhalb des jetzigen Entwicklungsniveaus. Wygotski beschreibt sie als die Leistungsregion, die das Kind mit Hilfe kompetenter Partner bewältigt, dazu aber allein noch nicht in der Lage ist. Das Spiel wird von Wygotski ausdrücklich als Zone nächster Entwicklung genannt. Im Spiel zieht sich das Kind, wie Wygotski sagt, am eigenen Schopfe höher. Damit wird dem Spiel für förderliche Entwicklung eine besonders wichtige Rolle zugeschrieben.

Intervention muss sich in jedem Falle bemühen, auf der Zone nächster Entwicklung zu operieren. Diese kann freilich inhaltlich recht unterschiedlich aussehen. Zielt man die Tätigkeitsebene an, so kann beispielsweise eine anstehende Entwicklungsaufgabe (Sauberkeitserziehung, Kindergarteneintritt, Schuleintritt) die Zone nächster Entwicklung darstellen. In jedem Falle geht es um die Bearbeitung einer Thematik. Sie wird oft vom Kind allein vorgenommen. Alles, was man in diesem Falle braucht, ist ein Freiraum für Spielaktivitäten, die eine solche Bearbeitung ermöglichen. Musiktherapie kann durch Anregung zum Improvisieren, vor allem beim Singen die Bearbeitung beängstigender oder auch positiver, aber unverarbeiteter Erfahrungen ermöglichen. Dies wurde bereits an mehreren Beispielen demonstriert (Abb. 1 und 2).

Auf der Handlungsebene geht es um die Verbesserung des aktuellen Handlungskönnens, etwa um das Zusammenfügen mehrerer Handlungen oder um die Hierarchisierung von Handlungen nach Plänen. Dies ist die Ebene, die beim Musizieren hauptsächlich angesprochen wird, wenn es um Lernen und Niveauverbesserung geht. Die Spielhaltung beim Musizieren verhindert daher keineswegs musikalische Fortschritte, etwa weil das Spiel nicht ernsthaft genug sei. Vielmehr geht es darum, auch beim Spiel die ZNE einzuführen, indem neue Anregungen gegeben und Anforderungen gestellt werden. Hier ist vor allem die falsche Überzeugung von Musikpädagogen anzusprechen, die vom Kind strenges, gezieltes Üben verlangen und Fehler als Todsünde ansehen. Wir

---

[97] Wygotski, L. S. (1980, Orig. 1933): Das Spiel und seine Bedeutung in der psychischen Entwicklung des Kindes. In: D. Elkonin (Hrsg.), Psychologie des Spiels (S. 430-465). Köln: Pahl-Rugenstein.

wissen, dass seit jeher die Mehrzahl der Kinder, die begonnen haben, ein Instrument zu lernen, dies nach einiger Zeit wieder aufgeben. Sicherlich ist dafür eine Reihe von Faktoren verantwortlich, aber ein Hauptgrund ist sicherlich die zu frühzeitige Einführung der deliberate practice[98], also des bewussten, konzentrierten und damit auch anstrengenden Übens. Wir werden auf diesen Punkt noch einmal zu sprechen kommen.

Auf der Ebene der Operationen können fehlende Fertigkeiten (skills) aufgebaut werden, mit deren Hilfe dann das Handlungsniveau verbessert werden kann.

Beim Musizieren geht es dabei um das spielerische Einüben von Techniken, wobei die Wiederholung natürlich eine zentrale Rolle spielt. Spielerischer Aufbau von Techniken und Fertigkeiten geschieht in der vorschulischen Kindheit allenthalben. Das dabei stattfindende beiläufige oder implizite Lernen muss dem expliziten keineswegs unterlegen sein, denn sonst könnte beispielsweise kein Kind die Muttersprache erwerben. In der Musik geht es freilich von Anfang an darum, dass Techniken und Fertigkeiten nicht falsch erworben werden und dann später umgelernt werden müssen.

In einem Sektor scheint die ZNE nicht zu gelten: bei der absichtlichen Regression im Spiel. Hier wird ja nicht eine höhere Ebene angestrebt, sondern sogar ein niedrigeres Entwicklungsniveau eingenommen. Nun muss man sich aber den Zweck der Regression vor Augen halten. Er liegt einerseits in der Bearbeitung nicht bewältigter Aufgaben früherer Entwicklungsniveaus, andererseits in der Gewinnung von Sicherheit und Wohlbefinden durch Rückkehr in eine vertraute Entwicklungsphase. Ziel ist nicht, auf dieser früheren Ebene zu bleiben, sondern durch die Regression frühere Defizite zu beseitigen oder Kraft für anstehende Aufgaben zu schöpfen. Die Regression ist somit ein Mittel für den Aufbau der ZNE. Sofern die Defizite tatsächlich auf einer früheren Ebene liegen, bildet diese selbst die Zone nächster Entwicklung.

Auch beim Musizieren als Spiel gibt es solche Regressionen. Sie haben ebenfalls ihre Funktion als Entlastung, Ausspannen, Erholen. Solange sie nicht überhand nehmen, sind sie unbedenklich, im Gegenteil, ihr Auftreten besagt ja

---

[98] Ericsson, K. A. & Smith, J. (Hg.). (1991): Towards a general theory of expertise. Prospects and limits. Cambridge: Cambridge University Press.

etwas über die augenblickliche Befindlichkeit des Kindes. Generell hat Regression therapeutische und psychohygienische Funktion.

Spielformen und ihr Bezug zur musikalischen Entwicklung

Das Spiel des Kindes nimmt einen bestimmten Verlauf, bei dem bestimmte Spielformen in zeitlicher Abfolge auftauchen. Im ersten Lebensjahr beobachten wir das Funktionsspiel und ein Protosozialspiel. Das *Funktionsspiel* setzt gewöhnlich ein, wenn ein Kind ein neues Handlungsmuster entdeckt und es lustvoll wiederholt. Dabei gelangt es dann zu einer gewissen Beherrschung des entsprechenden Handlungsmusters, weshalb man auch von mastery play spricht. Bei der musikalisch-lautlichen Produktion des Kindes im ersten Lebensjahr gilt dies zunächst für Vokalisationen, dann für Silbenbildung (das sog. Plappern oder Lallen) und schließlich auch für Protogesänge, in denen das Kind schon kleine Melodiebögen produziert, die sich aber gewöhnlich noch nicht an die Tonalität der westlichen Musik halten. In dieser Entwicklungsepoche sind Sprache und Musik noch nicht getrennt, die musikalischen Aspekte der Sprache (Melos) stehen im Vordergrund.

Daneben gibt es das *Protosozialspiel*, besonders in Form der Kommunikation zwischen Mutter (Pflegeperson) und Kind, die als Spiel mit einem emotionalen Spannungsbogen abläuft (Hammele duz, Guck-guck-Spiel, später: Pitschepatsche Peter und Hoppe Reiter). Das gemeinsame Spiel steuert auf einen Höhepunkt mit einem Maximum an Erregung beim Kind zu und fällt dann im Erregungsniveau plötzlich ab. Hier wird ein Zeitmuster aufgebaut, dem die Erwartung eines zukünftigen Ereignisses zugrunde liegt. Solche Verläufe sind für das Verständnis musikalischer Strukturen von großer Bedeutung, da das Wiederholungselement bei gleichzeitiger tonaler oder dynamischer Steigerung ein Fundament westlicher musikalischer Formen bildet.

Im zweiten Lebensjahr tritt dann regelmäßig die *Exploration* auf, bei der das Kind den Umgang mit Gegenständen variiert und dabei seine Funktionen erforscht. Wir haben dies auch beim Umgang mit Musikinstrumenten beobachten können. Dieses Explorationsspiel mündet häufig in das Symbolspiel oder *Als-ob-Spiel*, das darin besteht, Gegenstände umzudeuten und sie in neue fiktive Handlungszusammenhänge einzufügen. So mag das Kind, das zunächst explorativ mit einem Xylophon umgegangen ist, sich als Musiker gebärden und eine

„Musikvorstellung" geben. Bis zum Ende des dritten Lebensjahres sind Als-ob-Spiele sehr stark ausgeprägt, sofern sie von den Eltern bzw. Erzieherinnen unterstützt werden. Ihre Funktion ist auf der Handlungs- und Operationsebene (s.o.) das Training der Vorstellungen und des Denkens, auf der Ebene der Tätigkeit aber die Bewältigung aktueller und zeitlich überdauernder Thematiken. Singen als Begleiten des Als-ob-Spiels ist wohl die häufigste Form musikalischer Praxis in dieser Spielform. Musizieren als Thema haben wir vor uns, wenn Kinder eine Pop- oder Schlagersängerin imitieren, sich mit einem fiktiven Mikrophon umherbewegen und auf diese Weise „Musik" machen. Wir konnten beobachten, dass dabei dann musikalische Strukturierung in den Hintergrund tritt und die Oberflächenmerkmale der Lautstärke und der Tanzbewegung in den Vordergrund rücken.

Aus dem Als-ob-Spiel entwickelt sich das *Rollenspiel,* wenn das Kind die dazu nötigen Kompetenzen aufgebaut hat. Am Rollenspiel sind immer mehrere Personen beteiligt, die ihre Spielideen und die Rolleninhalte aufeinander abstimmen müssen. Dies gelingt gewöhnlich erst mit dreieinhalb bis vier Jahren. Im Bereich der Musik kommen Rollenspiele selten vor, es sei denn, dass die Rolle eines Musikers in eine andere Spielthematik eingebaut wird. Hingegen wird die Musik wichtig, wenn das Rollenspiel zum Theaterspiel erhöht wird, bei dem der Handlungsablauf dramaturgisch eingeübt und festgelegt ist. Dabei geht es nicht nur um Singen, sondern auch um Tanzen oder Sprechen zur Musik.

Wichtiger als das Rollenspiel aber ist das *Regelspiel* fürs Musizieren. Beim Regelspiel treten Rolleninhalte zurück und die Handlungskoordination nach festgelegten Regeln in den Vordergrund. Zu den Regelspielen gehören Gesellschaftsspiele wie ‚Mensch ärgere dich nicht' oder ‚Dame' und Sportwettspiele wie Fußball oder Tennis. Musizieren lässt sich als Regelspiel besonderer Art beschreiben. Zum einen verlangt gemeinsames, aber auch singuläres Spiel die Einhaltung von Regeln, und letztlich ist Musik mehr als andere Spiele von Regeln bestimmt. Zum andern aber entfällt der Wettkampfcharakter des Spiels. Koordination und Harmonie im doppelten Sinn des Wortes stehen im Vordergrund. Wettbewerb gibt es nur im metaphorischen Sinne, zum Beispiel in polyphonen musikalischen Formen wie der Fuge oder dem Kanon (Fuga = Flucht). Mitglieder von Bands haben mir berichtet, dass es bei ihnen auch noch den Wettstreit um die Lautstärke gibt. Sofern ein Musiker seine Verstärkeranlage selbst kontrolliert, versucht er, noch weiter aufzudrehen als die Anderen.

Mit dem Aufkommen des Regelspiels ist der eine Strang der Spielentwicklung abgeschlossen. Es gibt aber noch einen zweiten Entwicklungsstrang, der vom Explorationsspiel zum *Konstruktionsspiel* verläuft. Konstruktionsspiele sind alle Tätigkeiten des Kindes, die sich auf Gestalten und Formen unter Zuhilfenahme eines Materials richten, wie Kneten, Malen, Basteln und Bauen. Nun ist Musizieren ebenfalls Konstruktionsspiel. Hier sind die Töne und Klänge das Material, mit dem man spielerisch umgeht. Dabei entstehen musikalische Gebilde einfacher bis komplexer Art. Ein Beispiel für eine bereits abgerundete musikalische Form bietet Abbildung 3.

Abb. 3:   Beispiel für eine geschlossene musikalische Form beim Improvisieren (Tobias, 5 Jahre alt)

Wir konnten bei kindlichen Improvisationen musikalische Strukturen der Form a-b-c, a-a-b-b, selten jedoch a-b-a finden. Dies liegt daran, dass die zeitverschobene Wiedergabe einer Linie bzw. Struktur eine präzise Gedächtnisleistung erfordert: das gleiche musikalische Schema muss getreu wiederholt werden. Während Kinder gerne ein musikalisches Gebilde sofort wiederholen und dies oft sehr lange, haben sie Schwierigkeiten, ein früher produziertes Gebilde getreu wiederzugeben. Fest steht jedoch, dass Kinder unter sechs Jahren bei dieser Form des Konstruktionsspiels musikalische Formen komponieren oder musikalische Formen übernehmen und wiedergeben.

Alle Formen des Spiels münden letztendlich in die *Kultur*, die das Leben der Mitglieder einer Gesellschaft prägt. Aus dem Funktionsspiel wird die sensomotorische Technik beim Instrumentalspiel und Gesangstechnik, die in ihrer Vollendung alle anderen Leistungsbereiche auf diesem Gebiet überflügeln. Aus den prototypischen musiknahen Sozialspielen werden Formen des gemeinsamen Musizierens, die in vielen Variationen in jeder gegenwärtigen und vergangenen Kultur praktiziert werden. Aus dem Konstruktionsspiel werden Leistungen der bildenden Kunst, Architektur und Musik. Aus dem Rollenspiel erwachsen Dramen, Opern und Oratorien. Das Regelspiel bildet die Basis koordinierten Musizierens und der sachgerechten Musikausübung überhaupt. Es führt aber auch zu Wettbewerben, die ja im Musikbetrieb eine zentrale Rolle spielen und heute sicherlich eine große Problematik darstellen, auf die hier nicht eingegangen werden kann.

Was hier aber festgehalten werden muss, ist die innige Verbindung von Spiel und Kultur. Kultur hat immer spielerische Elemente und zumindest ontologisch liegen die Wurzeln kulturellen Schaffens im Spiel.

Wenn wir die Bedeutung der verschiedenen Spielformen für die musikalische Entwicklung noch einmal zusammenfassend würdigen, so ergibt sich folgendes Bild:

Das frühe Funktionsspiel bleibt zeitlebens die Basis für Musizieren und nimmt mit fortschreitender Entwicklung immer differenziertere und komplexere Züge an. Es mündet zum einen in Bewegungsformen wie Tanz, Reigen, Ballett, Eiskunstlauf und vieles andere mehr. Zum andern entwickelt es sich zu Hochformen des Singens und des Instrumentalspiels. Schließlich vermitteln das Funktionsspiel und seine Weiterentwicklung das Flow-Erleben und ähnliche Emotionen, wie sie beim Musizieren erfahren werden. Das Konstruktionsspiel bildet die Basis für Improvisation, Komposition und musikalische Interpretation. Jedes Musizieren ist Vergegenständlichung eines musikalischen Ereignisses, dessen Flüchtigkeit nicht über seine Strukturiertheit und Komplexität hinweg täuschen darf. Heute, da wir durch moderne technische Mittel solche Produktionen festhalten können, lässt sich diese Behauptung auch beweisen.

Entwicklung des Spiels

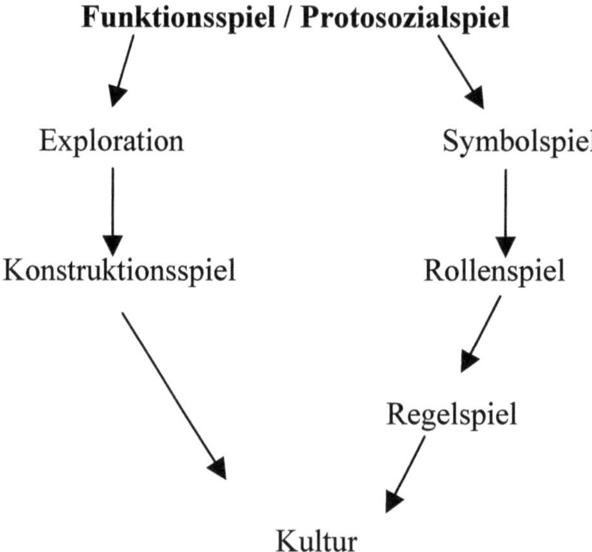

Abb. 4: Entwicklung des Spiels und sein Übergang in Kulturschaffen

Das Regelspiel erfasst die Besonderheit von Musik, die ja im Grund eine durch ein Regelwerk geformte zeitliche Sequenz von Schallereignissen darstellt. Musikalische Regeln, die oft so lästig sind, weil ihre Einhaltung viel Übung oder Anstrengung erfordert, sind im Spiel viel leichter zu übernehmen, weil Kinder ab einer gewissen Entwicklungsstufe regelrecht begierig sind, nach Regeln zu spielen. Musik als Regelspiel baut das Formbewusstsein auf und ermöglicht koordinierte Interaktion. Es ist bemerkenswert, dass sich musikalische Regelspiele, wenn sie einfach genug sind, deutlich früher ausbilden als das Verständnis für die üblichen Regelspiele. Das hängt mit der

156

ständnis für die üblichen Regelspiele. Das hängt mit der tiefen anthropologischen Verankerung von Musik zusammen. Abbildung 4 vermittelt nochmals einen Überblick über die verschiedenen Spielformen und ihren entwicklungspsychologischen Zusammenhang.

Zur Rolle der Spielhaltung in der musikalischen Entwicklung

Bis jetzt haben wir uns mit strukturellen Zügen der Spiels beschäftigt und seine Beziehungen zur Musik herzustellen versucht. Nun ist es an der Zeit, sich mit dem Prozess des Spiels selbst auseinander zu setzen und zu prüfen, ob es dabei Verwandtschaften oder Überlappungen zur Musik gibt. Wer spielt, verändert grundsätzlich seine Haltung zu sich selbst und zur Umwelt. Diese „Spielhaltung" entsteht, wenn die drei eingangs genannten Merkmale des Selbstzwecks, der Realitätstransformation und der Wiederholung einschließlich der Ritualisierung gegeben sind. Spielende verändern ihre Realitätsbeziehung, sie „versenken" sich in eine Tätigkeit und sie vergessen die Folgen ihres Tuns. Spielhaltung ist über diese konkreteren Merkmale hinaus eine andere Form sinnstiftender Tätigkeit als Arbeit oder Alltagsroutinen. In dieser Form von Tätigkeit wird das Ich entweder überhöht (etwa durch Übernahme einer mit Macht und Glanz ausgestatteten Rolle) oder geht in der aktuellen Umweltbeziehung auf und tritt hinter das Erlebnis des Tätigkeitsflusses zurück (etwa bei sportlichen Aktivitäten, wie Surfen, Drachenfliegen, Skifahren). Spielhaltung befreit bekanntlich von Alltagszwängen und führt in eine Welt, dessen Schöpfer der Akteur selbst ist.

Gibt es eine solche Spielhaltung auch in der Musik? Für Kinder, die spontan Musik machen, ist dies selbstverständlich. Musik ist dann immer integriert in ihr Spiel, sei es nur als Teil des Spielganzen, sei es selbst als dominierendes Spiel. Gilt dies aber auch, wenn Musik zum Lernstoff wird, wenn Kinder ein Instrument lernen? Diese Frage lässt sich zunächst gar nicht von außen beantworten. Es kommt darauf an, ob Kinder auch bei der musikalischen Ausbildung eine Spielhaltung einnehmen oder nicht. Weiterhin hängt es davon ab, ob die Lehrerin / der Lehrer Musik als Spiel anregt oder nicht. Ziel sollte es sein, zumindest teilweise musikalisches Lernen als Spiel zu transformieren. Musikpädagoginnen und –pädagogen arbeiten oft mit der Schaffung von Spielrahmen, um diesem Ziel näher zu kommen. Die Spieler nehmen Rollen ein, verwandeln sich in Tiere, die bestimmte Laute produzieren, oder verwandeln motorische Übungen in Funktionsspiele. Zwei Beispiele außerhalb der Musik, die noch von Elkonin (1980) stammen, mögen verdeutlichen, was Spielhaltung ermöglicht. Wenn man einem drei- bis vierjährigen Kind sagt, es solle stillstehen, so lange es kann, so hat es damit große Schwierigkeiten. Sagt man aber, es sei jetzt ein Wachsoldat vor dem Schloss, der stramm zu stehen hätte, so gelingt dem Kind diese Leistung viel leichter. Ähnliches gilt für das Versteckspiel. Dreijährige Kinder, die sich verstecken, verraten sich gewöhnlich sofort und sagen „hier bin ich!" Erklärt man ihnen aber, sie seien jetzt eine Maus, der Suchende die Katze, die die Maus fressen würde, wenn er sie fände, so kann das Kind sich still verhalten. Es gibt Beispiele beim musikalischen Lernen, die auf der gleichen Ebene liegen. Kinder können direkte Anweisungen noch nicht umsetzen, vermögen sie aber leicht zu realisieren, wenn man ihnen die gleiche Leistung als Spielhandlung verkleidet abverlangt.

Schließlich gilt es, noch einen lernpsychologischen Aspekt zu berücksichtigen. Im Spiel findet implizites Lernen statt, eine Lernform, bei der das Kind nicht bewusst und absichtsvoll lernt, sondern eher beiläufig. Dieses Lernen kennzeichnet den Spracherwerb, aber zum Teil auch den Erwerb von musikalischen Fähigkeiten und Fertigkeiten. Daher laufen manche Lernprozesse über das Spiel leichter als über intentionales „ernsthaftes" Lernen ab. Erst in jüngster Zeit wird man wieder auf die generelle Bedeutung des impliziten Lernens aufmerksam[99].

Natürlich hat aber die Spielhaltung in der Musik eine viel umfassendere Bedeutung. Durch sie gewinnen Kinder oft erst Zugang zur Musik und haben Freude am Musizieren. Gibt es empirische Befunde, die diese Behauptung bei Musikern stützen? Sowohl Sloboda[100] als auch Sosniak[101] konnten aus den Biographien von Musikern, insbesondere von herausragenden Musikern, drei

---

[99] Oerter, 2000; Stoffe, 2000

[100] Sloboda, J. A. (1985): The musical mind. Oxford: University Press.
ders. (1990): Musical excellence - how does it develop? In: Mowe, M. J. A. (Hrsg.), Encouraging the development of exceptional skills and talents (S. 165-178). Leicester: British Psychological Society.

[101] Sosniak, L. A. (1990): From typo to virtuoso: A long-term commitment to learning. In: F. R. Wilson & F. L. Roehmann (Hrsg.), Music and child development (S. 274-290). San Louis, Missouri: MMC Music.

Hauptphasen in der musikalischen Entwicklung und Sozialisation ausmachen. Zunächst, so berichteten die Befragten, sei Musizieren eher spielerisch gewesen. Sie hätten aus Freude an der Tätigkeit musiziert und auch noch nicht so intensiv geübt. Danach folgte ihrer Darstellung gemäß eine Periode des bewussten gezielten Übens (deliberate practice), die durch die Kontrolle von Eltern und Lehrkräften gestützt und zusätzlich durch den Vergleich mit ähnlich kompetenten Gleichaltrigen motiviert wurde. Schließlich gab es eine dritte Periode musikalischer Entwicklung, in der die Zielsetzung musikalischer Hochleistungen internalisiert wurde und fortab kein äußeres Stützsystem mehr nötig war. Allerdings betonten die Befragten einhellig die große Bedeutung der Lehrerpersönlichkeit gerade für diesen letzten Entwicklungsabschnitt.

Aus diesen Berichten geht recht klar hervor, dass der Einstieg in die musikalische Entwicklung über das Spiel bzw. die Spielhaltung erfolgt. Pädagogisch ergibt sich daraus, Musizieren und musikalisches Lernen über Spiel und Spielhaltung einzuleiten.

Musizieren als Spiel im Erwachsenenalter?

Aus dem bisher Gesagten lässt sich ableiten, dass Spiel und Spielhaltung auch für das Musizieren im Erwachsenenalter fruchtbar sein können. Dies leuchtet für Laien zunächst ein, wie steht es aber mit Berufsmusikern? Im folgenden seien einige Aspekte aufgezählt, die für beide Gruppen zutreffen.

Musik als andere Realität. Musizieren und bewusstes Musikhören versetzen in eine andere Welt. Je nach Musikgeschmack und Können gibt es verschiedene Universen, das von Bach, und bei ihm wieder das des Wohltemperierten Klaviers oder der Kantaten, das von Beethoven, z. B. seine Klaviersonaten. Ähnliche Welten gibt es in der U-Musik. Ein solches „Eintauchen" in musikalische Welten gleicht dem Realitätswechsel im Spiel. Wer sich als Musiker ganz einer solchen Welt hingibt, kann dies in einer Spielhaltung am besten tun.

Sicherheit durch Ritualisierung. Vieles an der Musikpraxis und –rezeption wird gestützt durch Rituale. Sie begleiten den Berufsmusiker, der sich auf ein Konzert vorbereitet und sich schon vor Konzertbeginn innerlich umstellt. Sie bilden einen Rahmen bei Auftritten im Konzert, sind aber auch beim privaten Musizieren am Werk, wenn sich Zuhörer auf einen Musikvortrag einstellen und ihn als kleines Konzert interpretieren. Wie beim kindlichen Spiel können solche Rituale stabilisieren, sofern man sie annimmt und sich von ihnen tragen lässt.

Aufgehen in der Tätigkeit. Kinder vergessen beim Spiel Raum und Zeit. Musik kann einen ähnlichen Bewusstseinszustand herbeiführen. Wer sich beim Musizieren wie im Spiel ganz seiner Tätigkeit hingibt, wird weniger von Ängsten und Lampenfieber gequält, denn diese emotionalen Störeinflüsse hängen viel, wie die Forschung zeigt, mit ichbezogenen Kognitionen zusammen (ob ich das wohl schaffe; was passiert, wenn ich Fehler mache? Ich traue es mir nicht zu). Spielhaltung führt weg von solchen Kognitionen und Besorgnissen.

Soziales Einssein, Wir-Gefühl. Wir alle haben schon an uns erlebt, wie Musiker untereinander bzw. Musiker zusammen mit dem Auditorium manchmal eine besondere Form von Gemeinschaft bilden. Im Erleben von Musik fühlen sich alle Beteiligten eins. Es wird dann eine besondere Gruppenatmosphäre hergestellt, die auch äußerlich sichtbar ist. Im Konzertsaal sind es eher die lautlose Stille und das gebannte Zuhören, bei Rock- und Popkonzerten die grenzüberschreitende Begeisterung, die sich motorisch, mimisch und vokalisierend entlädt. Hier ergeben sich Parallelen zu den großen Wettkampfspielen, wie Fußball oder Tennis.

Schlussfolgerung und Ausblick

Wie wir sahen, gibt es parallele Verläufe von Spielentwicklung und musikalischer Entwicklung. Was sich im Kleinkindalter noch unkompliziert miteinander verbindet und wechselseitig auseinander hervorgeht, wird später getrennt. Dann sollte die musikalische Sozialisation sich bewusst um die Nutzung des Spieles und der Spielhaltung bemühen. Wenn das Kind in die Schule eintritt, besteht die Gefahr, dass Musik eine Leistung wird, der man sich nicht gewachsen fühlt. Die meisten Kinder geben ihr improvisierendes spontanes Singen auf und finden es schrecklich, öffentlich singen oder musizieren zu müssen. Das zeigt, dass hier musikalische Entwicklung falsche Wege eingeschlagen hat. Die zumindest vorläufige Trennung von musikalischem Lernen als Spiel und sonstigem schulischen Lernen als Arbeit verhindert diese Fehlentwicklung. Aber auch später sollte das Spiel als tragender Rahmen in der Musik nie ganz verschwinden. Das glückliche Zusammenwirken, die Integration von Spiel und künstlerischem Schaffen als „Arbeit" ist es, was wir anzielen sollten. Dann bleiben Spiel und Musik zeitlebens in fruchtbarer Weise miteinander verbunden.

Literatur

Ericsson, K. A. & Smith, J. (Hg.). (1991): Towards a general theory of expertise. Prospects and limits. Cambridge: Cambridge University Press.

Leontjew, A. N. (1977): Tätigkeit, Bewußtsein, Persönlichkeit. Stuttgart: Klett-Cotta.

Oerter, R. (1999): Psychologie des Spiels. Weinheim: Beltz.

Papoušek, M. (1994): Vom ersten Schrei zum ersten Wort. Bern: Huber.

Popper, K. R. (1973): Objektive Erkenntnis. Ein evolutionärer Entwurf. Hamburg: Hoffmann & Campe.

Sloboda, J. A. (1985): The musical mind. Oxford: University Press.

Sloboda, J. A. (1990): Musical excellence - how does it develop? In: Mowe, M. J. A. (Hrsg.), Encouraging the development of exceptional skills and talents (S. 165-178). Leicester: British Psychological Society.

Sosniak, L. A. (1990): From typo to virtuoso: A long-term commitment to learning. In: F. R. Wilson & F. L. Roehmann (Hrsg.), Music and child development (S. 274-290). San Louis, Missouri: MMC Music.

Trainor, L. J. (1991): What makes a pattern good? Infants' processing of melodic structure. Paper presented at the Society of Research in Child Development, Seattle, WA.

Wygotski, L. S. (1980, Orig. 1933): Das Spiel und seine Bedeutung in der psychischen Entwicklung des Kindes. In: D. Elkonin (Hrsg.), Psychologie des Spiels (S. 430-465). Köln: Pahl-Rugenstein.

Besondere Musikinstrumente für besondere Menschen

Erich Heiligenbrunner

Der folgende Bildbeitrag zeigt Menschen mit Behinderungen bei der Herstellung und dem Spielen von Musikinstrumenten. Diese Instrumente wurden aus einfachsten Materialien unter Berücksichtigung der Bedürfnisse und Fähigkeiten dieser Menschen geschaffen. Es werden Zusammenhänge einer ganzheitlichen Anwendungsform in Alltag, Pädagogik und Therapie anschaulich gemacht.

Die Bilder stammen aus der gemeinsamen Arbeit mit Schülergruppen, Behindertenwerkstätten, Ausstellungsarbeiten und der Zusammenarbeit mit Prof. Dr. Ulrich Martini, einem Instrumentenbauerkollegen aus Münster/Westfalen.

Der junge Mann mit Down Syndrom zeigt stolz, wie er die unterschiedlichen Rohrstücke aus Pappe für seine Tubas zurecht sägt.

Das gemeinsame Planen, die gegenseitige Hilfe und Unterstützung bei Bau und Spiel: All dies stärkt die Freude, zielgerichtet und erfolgreich zu arbeiten, bis das fertige Instrument zum Einsatz kommt.

Foto: Erich Heiligenbrunner

In einer Werkstatt für Behinderte wurden Pappröhren in Blasinstrumente verwandelt.

Diese junge Bläsergruppe mit den verschieden gestimmten Ein-Ton-Trompeten übt einen Frühlingschoral mit grafischer Partitur ein.

Foto: Erich Heiligenbrunner

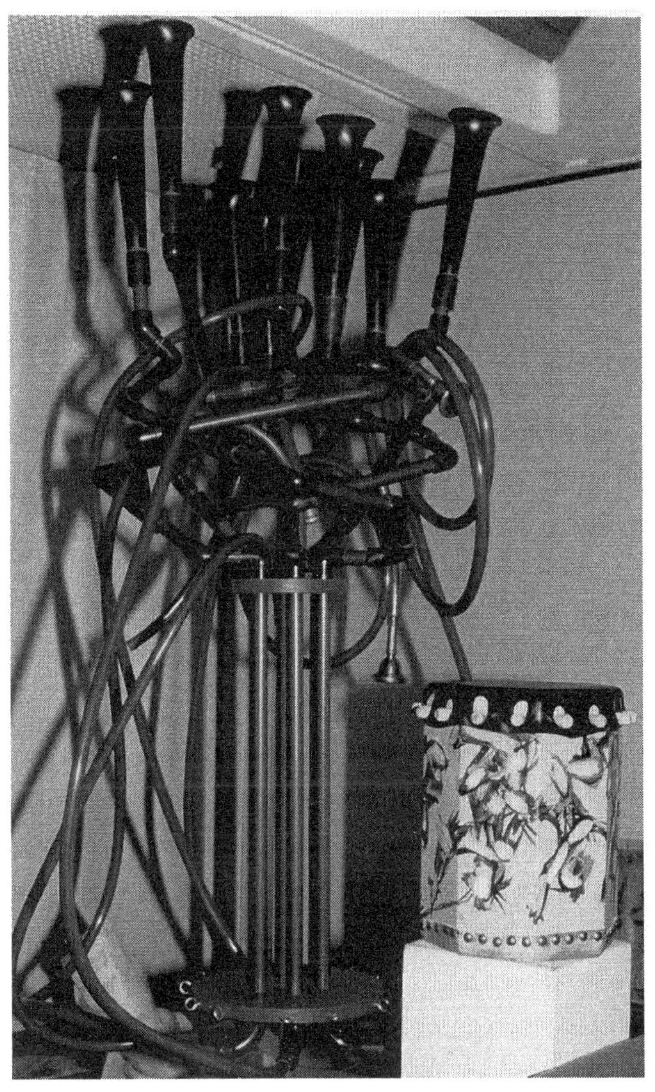

Die achtflammige Trompete - Marke Gardena - aus Gartenschläuchen und Kunststoffrohren mit aufgesetzten Grabvasen weist eine wesentliche Besonderheit auf:

Bei diesem Oktett ist bei einem eventuell schrägen Ton nie zu entdecken, von welchem Spieler er stammt.

Foto: Erich Heiligenbrunner

Foto: Erich Heiligenbrunner

Die Natur stellt uns wunderbare Materialien zur Verfügung. "Auf der Suche nach Klang" ...stoßen wir auf scheinbar unerschöpfliche Quellen. So tragen wir Schwemmholz zusammen, aus dem dieses Xylophon entstanden ist. Dies steht hier stellvertretend für viele andere Instrumente aus unserer Werkstatt. So haben wir zum Beispiel aus dem Ausschuss einer Topffabrik zur Freude der Kinder zahlreiche Töpfe unterschiedlicher Größe aufgehängt, so dass ein überdimensionales Gongspiel entstand.

Der taubstumme
Poldi spielt und
singt dazu:

Seine Spielgeige
kann er durch
das Anstreichen
mit dem Bogen
an vielen Kör-
perstellen deut-
lich wahrnehmen
und als Klang-
körper erleben.

Für ihn ist die
individuelle
Möglichkeit des
Instrumenten-
bauens sehr
bedeutend.

Foto: Erich Heiligenbrunner

Vom Xylophon zum Synthesizer

Tom Naess

übersetzt von Verena Maschat

Einleitung

Dem Xylophon, den Orff-Instrumenten und Marie verdanke ich die Erfahrungen, die mich auf den Weg der Musiktherapie gebracht haben, den ich nun schon seit 30 Jahren gehe. Ich werde Ihnen erzählen, wie alles begonnen hat.

Ich war 19 Jahre alt und studierte in einem Musikgymnasium in Westnorwegen. Mein Lehrer für Orff und Kodaly, Rudolf Zwartjes aus Holland, arbeitete viel mit Improvisation. Nachmittags unterrichtete ich sieben- bis zehnjährige Kinder in einer Musikschule. Eine meiner achtjährigen Schülerinnen, ich nenne sie Marie, hatte große Probleme in der Schule. Sie war sehr ängstlich und nervös. Aus Angst zu versagen musste sie sich häufig vor oder nach der Schule übergeben. Die Angst vor dem Fehlen erhöht die Wahrscheinlichkeit, tatsächlich fehlen zu müssen. In einem Schulsystem, das auf der Lernmethode des "Richtig oder Falsch " aufbaut, versagt man leicht.

Auf unseren Xylophonen konnte man keine Fehler machen. Ich hatte die Stäbe herausgenommen, die wir nicht spielen sollten, und Maries Töne waren alle richtig! Die anderen Schüler spielten einfache Begleit-Ostinati als Grundlage für modale Improvisation. Ich bat Marie, auf ihrem Xylophon dazu zu improvisieren. Zunächst spielte sie verkrampft, was ihrem Solo von Anfang an einen starken Ausdruck gab. So wurde sie zur Solistin der Gruppe. Allmählich änderte sich der Charakter, ihre Improvisation wurde aggressiver. Es war, als schrie sie mit ihrem Xylophon: "Ich habe es satt, klein und ängstlich zu sein. Hört wie stark und mutig ich bin!" Die anderen Kinder waren noch stärker beeindruckt von ihrer Improvisation und so bestätigte sich ihr Vorrang als Solistin der Gruppe. Nach einige Monaten schrieb mir Maries Mutter, dass diese in der Musikstunde erworbene Stärke die gesamte Lebenssituation des Kindes verändert hätte. Marie musste sich nicht mehr übergeben und war viel selbstsicherer und fröhlicher, sie war gut in der Schule und hatte keine Angstzustände mehr.

Aufgrund dieser bemerkenswerten Veränderung Maries dachte ich viel darüber nach, was Musik, und besonders die musikalische Improvisation, in einem Menschen bewirken kann. Dieses Erlebnis öffnete mir so den Weg zur Musiktherapie, und das verdanke ich Marie und dem Xylophon.

Fallstudie: Mathias

In einem Videoausschnitt von 1979 stellte ich auf dem Orff-Schulwerk Symposion im Oktober 2000 den achtjährigen Mathias, ein Fall von Cerebralparese (Atheteosis) vor. Er war körperlich völlig passiv, und ich erinnere mich daran, dass ich ihn wie einen Sack Mehl zum Musikraum trug. Man konnte ihn stimulieren, besonders mit auditiven Anregungen, Streckbewegungen zu machen. Wenn er nichts mehr hörte, fiel er wieder in sich zusammen, und er konnte kaum den Kopf aufrecht halten, als ich mit ihm zu arbeiten begann. Die Bewegungen seines linken Beines begleitete ich mit Musik. Er freute sich über den Klang einer Schellentrommel, den er mit seinem linken Fuß erzeugen konnte.

Ein nächster Videoausschnitt von 1981 zeigt Mathias nach zwei Jahren mit wöchentlich einer Musiktherapiestunde. Er sprach sehr gut auf "Spanische Musik" an und bewegte sofort die Beine. Auch Tremoli, Pausen, Fermaten und Glissandi aktivierten ihn besonders. Nach zweijähriger Arbeit bewegte Mathias seine Beine aktiv zur Musik und spielte zwei Schellentrommeln abwechselnd mit beiden Füßen.

In der Aufnahme von 1982 ähnelt sein Trommelspiel mit den Füßen bereits einem Gehrhythmus. Es war also logisch, das Gehtraining auf dem selben Prinzip aufzubauen. Mathias hörte in seinem Gehstuhl bei jedem Schritt den Klang einer Schellentrommel und die "Spanische Musik", die ihm so gefiel. Wir versuchten auch, den Klang der Schellentrommel allmählich durch Klatschen oder Stimme zu ersetzen.

Nach drei Jahren konnte Mathias sich alleine in seinem Gehstuhl fortbewegen. Ich werde nie den Sommer 1983 vergessen, als er alleine über einen Spielplatz unserer Schule "spazierte". Er ging immer schneller und landete schließlich in einem Busch. Der Stuhl fiel auf ihn und ich dachte schon, er hätte sich alle Knochen gebrochen. Endlich bei ihm angelangt, stand ich vor einem lachenden

Buben. Er war zwölf, es war sein erster Sturz in ein Gebüsch, und er grinste von einem Ohr zum anderen.

"Rock leicht gemacht" (ein Buchprojekt)

Unsere Band fing mit den "chime bars", einem jüngeren Mitglied der Familie der Xylophone, an. Die Band nannte sich Ragnarock.

Ein einfacher Weg zum Aufbau einer Rockband wird in dem Buch, das ich zusammen mit meinem Kollegen Bjorn Steinmo und meinen geistig behinderten Schülern gemacht habe, aufgezeigt.

Diese Methode benutzt ein Farbsystem für Tonika (grün), Subdominante (gelb) und Dominante (rot). Die Lieder bauen progressiv auf, von einem über zwei bis zu drei Begleitakkorden, unter Einbeziehung von Improvisationselementen.

Zwei Möglichkeiten zur Stimmung der Bassgitarre

Zunächst möchte ich erklären, wie man die Bassgitarre stimmen und markieren kann. Man eliminiert drei Saiten, entweder durch Abziehen bzw. starkes Lockern und klebt diese mit einem Band an der Rückseite des Halses fest; oder man dämpft sie, z.B. indem man einen Radiergummi zwischen Saiten und Griffbrett schiebt. Die verbleibende D-Saite stimmen wir herunter nach C, um in C-Dur oder c-Moll spielen zu können. Wir haben also eine Bassgitarre mit nur einer Saite, die uns auf der leeren C-Saite die Tonika vorgibt. Wir markieren das obere Ende des Griffbrettes in Grün als Symbol für die Tonika. Wenn man den Finger dort auflegt, drückt man nicht auf die Saite. Zum Spiel der Subdominante markieren wir den 5. Bund gelb. Drückt man hier mit einem Finger auf die Saite, ertönt das F. Für die Dominante markieren wir den 7. Bund rot. Damit haben wir die drei Basstöne für unseren Rock.

Es gibt noch eine andere Möglichkeit, die Bassgitarre zu stimmen, um die Spielart zu vereinfachen. Man schaltet den tiefsten Ton, das E, aus und behält die drei oberen Saiten A, D und G. Diese werden einen Ganzton heruntergestimmt, A nach G, D nach C und G nach F (man kann Saiteninstrumente problemlos herunterstimmen, aber Vorsicht beim Erhöhen der Stimmung). Die nach

C gestimmte Saite wird grün markiert, das F gelb und das G rot. Damit haben wir die Grundakkorde I-IV-V für unseren Rock auf leeren Saiten, die der Spieler mit der rechten Hand spielen kann (es sind keine Finger auf dem Griffbrett nötig).

Stimmung der Rhythmusgitarre

Man schaltet die drei tiefen Saiten wie beschrieben aus und belässt G, H und E. Die H-Saite wird nach C hochgestimmt (nur eine Saite einen Halbton hochzustimmen schadet dem Instrument nicht). Wir haben nun einen C-Dur-Akkord auf leeren Saiten. Für die Subdominante auf F kann der Spieler einen Finger auf die gelbe Markierung am 5. Bund legen, für die Dominante auf G über der roten Markierung am 7. Bund. Wenn die Band auch in Moll spielen will, kann man die Terz E im Akkord wegnehmen oder nach C herunterstimmen, was eine Verdopplung des C in der Quinte C-G bedeutet.

Farbscheinwerfer

Wir benutzen farbiges Licht, um den Spielern den Akkordwechsel zu erleichtern. Die Farbscheinwerfer werden durch einen dreiteiligen Tretschalter kontrolliert. Der Leiter drückt den Schalter für grünes Licht bei Tonika etc,. die Spieler drücken bei der entsprechenden Farbmarkierung auf die Saiten.

Markierung des Synthesizers

Die Tasten des Synthesizers werden auf die selbe Weise mit Farbbändern markiert. Die zum Tonika-Akkord gehörenden Töne werden grün markiert etc., der Spieler folgt dem Farbwechsel, indem er die entsprechenden Tasten drückt.

Die Band

Die Gruppe besteht aus sieben geistig Behinderten und drei Leitern.

Melodien mit nur einem Akkord

Mit dem ersten Stück, das vorgespielt wurde, eine Melodie mit nur einem Begleitakkord, beginnt ein langsam aufbauendes System. Die Gitarristen spielen nur mit der rechten Hand auf leeren Saiten. Der Spieler des Synthesizers drückt nur die grünen Tasten. In diesem Stück spielen die Leiter auch einen a-Moll-Akkord, während die übrigen Mitglieder in C-Dur weiterspielen (was einen C6- oder a7-Akkord ergibt). Diese Melodien ohne Akkordwechsel eröffnen viele Möglichkeiten zur Improvisation.

Blues

Das zweite Stück, das wir von der Band hören, ist ein Blues mit drei Akkorden. Auch hier haben die Bandmitglieder viele Improvisationsstrecken, auf Mundharmonika, Gitarre oder Synthesizer.

Improvisation

Um dem Spieler die Improvisation zu erleichtern, markieren wir die Gitarre oder den Synthesizer mit Weiß, z.B. die Melodietöne der pentatonischen oder der Blues-Skala. So kann der Spieler frei mit diesen Tönen erfinden, ähnlich wie beim Herausnehmen von Stäben beim Xylophon.

Christian

Wie zahlreiche berühmte Musiker, wie Marie und viele andere, hat auch Christian mit Xylophonspiel angefangen. Dann kam er über die Melodika zum Synthesizer, und schließlich war er mit einem Solo in einem Konzert mit unterschiedlichen Gästen zu hören, das im Ersten Programm des Norwegischen Fernsehens gesendet wurde.

Übrigens wurde ich während der Sendung gefragt, was aus diesen Jungen geworden wäre, wenn sie nicht in dieser Band spielen würden. - Wenn wir nicht diese Band gegründet hätten, wären sie Klienten geworden. Aber nun sind sie

Rockmusiker. Das bedeutet einen großen Unterschied in ihrer Identität und
Selbstwertschätzung!

Literaturauswahl

Aigen, Kenneth (1998): Paths of Development; in: Nordoff, P. and Robbins, C. Music
Therapy. Gilsun, NH, USA: Barcelona Publishers

Bruscia, Kenneth (1987): Improvisational Models of Music Therapy. Springfield, Illinois, USA = Charles C. Thomas

Bruscia, Kenneth (1989): Defining Music Therapy. Springhouse Books, Spring City,
PA, USA

Nordoff, P. and Robbins, C. (1971): Creative Music Therapy. John Day Books. Deutsche Ausgabe: Schöpferische Musiktherapie. Stuttgart. Fischer 1986

Naess, Tom (1989): "Touching Sound - Connections on a Creative Spiral" in: Nordoff, P. and Robbins, C.: Therapy in Music for handicapped children; deutsche
Ausgabe: Musik als Therapie für behinderte Kinder: Forschungen und Erfahrungen. Frankfurt/Main, Berlin / Wien. Klett-Cotta 1983

Naess, Tom (1995): Lettrock. Musikpedagogisk Forlag A/S

Ruud, Even (1985): Music and Health. Norsk Musikforlag

Begleitmusik

Klangtherapie für Kinder mit besonderen pädagogischen Bedürfnissen

Phil Ellis

übersetzt von Verena Maschat

Einleitung

Seit 1992 werden in diesem Forschungsprojekt Wege gesucht und Methoden entwickelt zur Förderung von Kindern mit schwerer und mehrfacher Lernbehinderung; Wege, die auch wesentlich zur Steigerung der Lebensqualität älterer Menschen beitragen. Durch die Anwendung von drei speziellen Beispielen aus der Musiktechnologie wurde ein wichtiger neuer Ansatz, die Klangtherapie, entwickelt und versuchsweise angewandt, die auf dem Phänomen der ästhetischen Resonanz basiert - die innere Motivation des Individuums. Das führte zur Entwicklung einer Therapie, die Fortschritt und Entfaltung in Menschen mit unterschiedlichen Behinderungen möglich macht. Die speziell hierfür entwickelte Schichtanalyse ermöglicht die Aufzeichnung und Auswertung der durch sie erzielten Ergebnisse.

Dieser Beitrag beschreibt die Entwicklung der Klangtherapie unter Einbeziehung von Videoaufnahmen aus Ergebnissen der Schichtanalyse. Fallstudien von mehrfach lernbehinderten Kindern und alten Menschen zeigen die Praxis der Klangtherapie und deren Entwicklung über mehrere Jahre.

Hintergrund

Meine Arbeit an Sonderschulen, die in den 80er Jahren begann[102], zeigt deutlich, dass eine spezifische Anwendung von Klang einen besonderen und tiefen Effekt erzielt. Dies kann zu einem ästhetischen Phänomen führen, in dem wir "den Raum und die Ruhe schaffen können für die Exploration, Resonanz und

---

[102] Ellis, P. & Dowsett, R. (1997): Microelectronics in Special Education, in: The British Journal of Music Education, 4, 1, 17-23

Entwicklung..."[103]. Die Aussagen anderer Quellen und unterschiedlicher Zusammenhänge unterstreichen die Annahme, dass "psychologisch motivierte Bemühungen die Lebensqualität, manchmal sogar die Überlebenschancen von Patienten mit tödlichen Krankheiten wesentlich beeinflussen können"[104]. Für Greer[105] ist dies ein starkes Argument für die psychologische Krebsbehandlung, und der Psychiater Sacks hält es für zwingend nötig, Patienten mit unterschiedlichen Problemen ganzheitlich anstatt nur medizinisch oder medikamentös zu behandeln.[106] In jüngster Zeit haben die Mediziner selbst gezeigt, dass die Förderung der psychischen Gesundheit eine entscheidende Rolle im Gesamtzustand und Wohlbefinden des Menschen spielt[107]. Seit 1992 hat mich meine Arbeit mit schwer lernbehinderten Kindern (SLD) sowie solchen mit Mehrfachbehinderung im Lernbereich (PMLD) zur Entwicklung der Klangtherapie geführt. Diese betont die Entwicklung des psychischen Wohlbefindens durch innere Motivierung sowie den Aufbau von Selbstbewusstsein und Selbständigkeit durch das Medium Klang. "Freude, Staunen und Glück sind die Grundelemente dieser Therapie"[108]. Insbesondere die Freude ist von grundlegender Bedeutung in der Gesamtentwicklung des Menschen.[109] In letzter Zeit wurde dieser Ansatz weiterentwickelt für die Anwendung bei älteren Patienten mit Schlaganfall, Depression und Dementia.

Andere Kollegen wie Storr[110] und Luria[111], die im Bereich der Neuropsychologie, Psychiatrie und geistigen Gesundheit arbeiten, schreiben der Kraft der Mu-

---

[103] Ellis, P. (1993): Resonances of the Future: A Contemplative Computer: Aspects of a Sound Education, in: Starkings, D. (Ed.,) Religion and the Arts in Education: Dimensions of Spirituality. Hodder and Stoughton. Sevenoaks, UK

[104] Greer: Observer, 8.10.1995

[105] Greer (1994): Psycho-oncology: its aims, achievements and future tasks, in: Psycho-oncology, Volume 3, pp. 87 - 101.

[106] Sacks, O. (1973): Awakenings. London: Pan Books Ltd. und Sacks, O. (1986): The Man Who Mistook His Wife for a Hat. Reading: Pan Books Ltd.

[107] Watkins, A. et al. (1997): Mind-Body Medicine: a clinician's guide to psychoneuro-immunology. Churchill Livingstone: New York.

[108] Ellis, P (1995): Incidental Music: A case study in the development of sound therapy, in: The British Journal of Music Education, p. 12

[109] Izard, C. (1977): Human Emotions. New York: Plenum Press.

[110] Storr, A. (1992): Music and the Mind. London: Harper Collins.

sik einen großen Einfluss auf die psychische und geistige Gesundheit zu. Sonst zur Passivität neigende Patienten werden aktiv und freier. Sie ermöglicht eine individuelle Kontrolle von inneren und äußeren Kräften anstatt der häufig vorherrschenden Dominanz äußerer Faktoren wie bewegungseinschränkende psychologische oder medikamentöse Behandlung. Außerklinische Fallstudien zur Kraft der Musik finden sich z. B. bei McClellan[112] und Hamel[113]. Solche schriftlichen Zeugnisse, die sich auf wiederholte Beobachtungen stützen, tragen zur Erkenntnis bei, dass Musik in wirkungsvoller Weise positive Veränderung herbeiführen kann. Es gibt auch eine "andere Welt", für den teilhabenden Zuhörer geschaffen, in der musikalische Zeit nicht gleich gewöhnliche Zeit ist, eine Befindlichkeit, in der wir "mehr die Qualität der Zeit als deren Dauer schätzen"[114].

Dies ist jene "andere Welt" des "ästhetischen Widerhalls", die den Kern der Klangtherapie ausmacht. Ein anderes zentrales Element ist die neue Technik, die starke Anregung bewirken kann. Die speziell ausgewählten Beispiele mit technischen Medien schaffen eine vielfältige Hörlandschaft, die weit über den Horizont der traditionellen Instrumente hinausgeht und auch Schwerbehinderten die Möglichkeit gibt, auf neuen Wegen Klangerfahrung zu erleben und sich musikalisch auszudrücken. Die freie Arbeitsweise der Klangtherapie im Zusammenspiel mit herkömmlichen Methoden unterstützt und fördert die Entwicklung der individuellen Möglichkeiten.

Die Basis der Klangtherapie ist theoretisch fundiert und auf einem spiralen Entwicklungsmodell aufgebaut[115]. Eine entscheidende Beobachtung liegt in der starken Motivation des Klangs, der auch ein ästhetischer Katalysator für Aktion und Reaktion ist. Die entscheidende Basis ist die Qualität von Erfahrung und Reaktion. Durch die Schaffung einer motivierenden und freien Atmosphä-

---

[111] Luria, A. R. (1973): The Working Brain. An Introduction to Neuropsychology. Harmondsworth: Penguin Books Ltd.

[112] McClellan, R. (1991): The Healing Forces of Music: History, Theory and Practice. Dorset: Element.

[113] Hamel, P. M. (1967): Through Music to the Self. Wiltshire: The Compton Press.

[114] Blacking, J. (1995): Music, Culture and Experience, (Ed. R. Byron). University of Chicago Press, S. 34.

[115] Ellis, P (1989). "Touching Sound - Connections on a Creative Spiral", in: The International Journal of Education and Computing. Volume 5, Nrs 1,2 Swanwick (1988)

re können Menschen ausprobieren, üben, entdecken, lernen und wiederholen und so ihre Fähigkeiten auf ihre Weise und in ihrem eigenen Tempo entwickeln. Die Rolle des Therapeuten besteht in der Schaffung eines optimalen Umfeldes für die Klangtherapie, um die individuellen Möglichkeiten eines jeden auszuschöpfen und gegenseitigen Respekt und Vertrauen zu fördern.

Das Ziel des Projektes ist, durch die Verwendung von Musiktechnologie mit SLD- und PMLD-Kindern bzw. älteren Menschen mit Schlaganfall, Dementia oder Depressionen

➢ ein Klima für die Klangtherapie zu schaffen, das ästhetischen Ausdruck fördert

➢ motivierend, stimulierend und energiefördernd zu wirken

➢ eine unabhängige Klangkontrolle zu entwickeln

➢ Kommunikationsfähigkeit aufzubauen

➢ das reflektive Denken zu motivieren

➢ eine Forschungsmethode anzuwenden, die klaren Beweis für den Zuwachs an körperlichen und geistigen Fähigkeiten und Fertigkeiten schafft.

Ein Umfeld für die Klangtherapie

Die Entwicklung der Klangtherapie begann 1992 in einer Sonderschule, aber erst 1994 war die Vorgehensweise für erste Auswertungen bereit[116]. Da diese Therapieform auf Klang aufbaut, ist ein ruhiger Raum Voraussetzung. Ich benutzte die Schulbibliothek, die einen Teppichboden hatte und deren Akustik weicher war als die in den Klassenzimmern. Ich besuchte die Schule einmal wöchentlich, mindestens drei Perioden von zwölf Wochen pro Jahr. In jeder Stunde war der Raum in gleicher Weise hergerichtet: ein fahrbarer Synthesizer, Soundbeam (dieser und andere Begriffe werden später erklärt), Sound Processor und Stereoverstärker vor einer Soundbox. Die Lautsprecher auf dem Wagen sind etwa in Ohrenhöhe eines Kindes im Rollstuhl angebracht. Die Soundbox (zum ersten Mal 1997 verwendet) hat eine Plattform für Rollstühle und

---

[116] Ellis, P (1995): "Incidental Music: A case study in the development of sound therapy", in: The British Journal of Music Education, p. 12

Raum, wo körperlich mobile Teilnehmer während der Stunde sitzen oder stehen können. Eine Videokamera vervollständigt die Ausrüstung, und da sie seit über vier Jahren dabei ist, beachten sie die Kinder kaum mehr. Die Einheiten sind Einzelstunden, die meist 15 - 30 Minuten dauern, jedoch mehr von der Mitarbeit des Kindes / Erwachsenen als von Stundenplanvorgaben abhängig sind. In einer typischen Einheit mit einem PMLD-Kind wird der Großteil der Zeit mit dem Soundbeam und der Entwicklung der körperlichen Klangkontrolle verbracht. Dies kann zu individuellem Ausdruck und geistiger Entwicklung führen. Für einige Kinder bringt der Sound Processor einen zweiten Teil der Einheit mit dem Schwerpunkt stimmlicher Kommunikation. Die zeitliche Proportion der beiden Aktivitäten bestimmt die Reaktion des Kindes. Einige verbringen wenig Zeit mit stimmlicher Reaktion, während andere auf diese Erfahrung sehr gut ansprechen.

Einige SLD-Kinder haben ausschließlich mit dem Synthesizer gearbeitet und haben weniger auf andere technische Medien reagiert. In diesem Fall findet die Interaktion mit dem der Klaviertastatur ähnelnden Keyboard statt, was zur Entwicklung von persönlichem Ausdruck und Kontrolle führen kann sowie zu Interaktionssequenzen (siehe spätere Fallstudie - Amanda). Andere Kinder benutzen vielleicht nur die Soundbox und den Sound Processor mit Mikrophon.

Technische Medien

Der Sound Processor bringt Motivation und Freude und fördert in besonderer Weise die stimmliche Kommunikation. Hier können weder Funktion noch Effekt ausführlich behandelt werden. Während der Arbeit mit dem Soundbeam lasse ich jedoch meist das Mikrophon eingeschaltet und gebe mit dem Sound Processor Hall hinzu, da der elektronische Klang etwas trocken ist. Die wenigen Sekunden sind kaum wahrnehmbar, aber bringen Leben in den synthetischen Klang.

Zu Beginn dieses Projektes 1992 wählten wir einen Roland D5 Synthesizer wegen seiner Klangqualität, seines breiten Spektrums und einfacher, präziser Lautstärkenkontrolle. Heute gibt es eine große Auswahl an hervorragenden Apparaten, und seit kurzem haben wir einen Yamaha MU50 für unser Projekt. Aufgrund der elektronischen Klangerzeugung können lang andauernde sowie sehr kurze perkussive Klänge entstehen. Ein Klavier kann weder einen Ton unbeschränkt aushalten noch den Klang wesentlich verändern. Ein Synthesizer dagegen erzeugt eine große Bandbreite an akustischen Effekten wie Blasen, Streichen, Zupfen, Schlagen usw., die wie Holz, Metall, Saiten oder "unbekannte Materialien" klingen. Über Wochen und Monate hinweg können zahlreiche unterschiedliche Klänge entdeckt werden, die Anreiz und Freude vermitteln, und für jedes Kind eine Ausdrucksmöglichkeit schaffen.

Die Verwendung eines Synthesizers beschränkt die primäre Klangerzeugung auf eine Klaviertastatur, die allerdings außer mit Händen und Fingern auch z.B. mit dem Kopf, den Armen oder Füßen betätigt werden kann. Die Technik gibt jedoch Kindern mit eingeschränkter Bewegungskontrolle bessere Möglichkeiten der Klangerzeugung. Hier kommt der EMS-Soundbeam ins Spiel. Dieses Gerät ist für mich hauptsächlich in der Arbeit mit PMLD-Kindern wertvoll, da es auch Schwerbehinderten eine Explorations- und Gestaltungsmöglichkeit verschafft. Es sendet einen Ultraschallstrahl aus, der durch Unterbrechung zum Klingen kommt. Die Tonhöhe richtet sich nach dem Punkt, an dem der Strahl unterbrochen wird. Eine noch so kleine Bewegung mit dem Kopf, Arm, Fuß, Finger oder sogar Augenlid genügt, um einen klanglichen Ausdruck hervorzurufen, der wiederum zu einer "ästhetischen Resonanz" führen kann. Interessanterweise haben alle PMLD-Kinder, mit denen ich im Verlauf dieses Projektes gearbeitet habe, am besten reagiert, wenn der Strahl auf ihren Hinterkopf gerichtet war.

Seit 1971 verwende ich auch Aspekte der Vibrationsakustischen Therapie im Forschungsprojekt. Dies geht zurück auf eine ebenso interessante wie erfolgreiche Arbeit mit einem völlig tauben und isolierten Kind; eine Arbeit, bei der Kommunikation und ästhetische Reaktion durch einen Vibrationsgenerator ermöglicht wurde. Das Soundbeam-Projekt führte zur Entwicklung diverser vibrationsakustischer Apparate, von denen ich zwei, Soundbox und Soundbed, in letzter Zeit in meine Arbeit einbeziehe. Die Soundbox hat mir die Schaffung des gesamten Klangtherapieumfeldes ermöglicht, so wie ich es mir ursprünglich vorgestellt hatte, nämlich eine akustische und taktile "Klangumhüllung". Die Soundbox ist "eine niedrige vibrierende Plattform, auf der Kinder (...) liegen oder sitzen können und mit dem Körper die physischen Schwingungen von Musik aufnehmen"[117].

---

[117] Soundbox manual, The Soundbeam Project (1997)

Das Soundbed ist groß genug, dass Kinder und Erwachsene darauf liegen können. Im Inneren dieses Bettes befinden sich mehrere Lautsprecher. In seiner Aktion und Wirkung ist es der Soundbox ähnlich, hat aber eine größere Oberfläche. Eine ausführliche Beschreibung dieses Aspekts der Klangtherapie würde diesen Rahmen sprengen, es seien jedoch einige der Schriften hierüber erwähnt.[118] Die Ergebnisse dieser zusätzlichen Anwendung innerhalb der Klangtherapie scheinen bemerkenswerte Möglichkeiten zu eröffnen (siehe unten "Weiterentwicklung").

Forschungsmethoden

Die für dieses Forschungsprojekt ebenso wie für die späteren Studien über ältere geistig schwache Langzeitpatienten entwickelte Methode baut auf theoretischen Grundlagen auf. Neue Theorien entstehen aus den Resultaten klinischer Versuche bzw. praktischer Arbeit. Während Theorien entwickelt werden, können Hypothesen formuliert und getestet werden, um die Praxis weiterzuentwickeln, was wiederum zu neuen Theorien führt. Dies ist ein seit acht Jahren andauernder Prozess in der Anwendung der Klangtherapie in verschiedenen Umfeldern.

Da die pädagogischen Bedürfnisse eines jeden dieser Kinder unterschiedlich sind, wurde besondere Sorgfalt auf die Aufzeichnung und Analyse von Daten verwendet, um die Wirkung der Klangtherapie zu begründen. Die Einheiten werden ausnahmslos auf Video aufgenommen. Die Schichtanalyse wurde entwickelt als ein Auswertungsverfahren, das es ermöglicht, Videoschnitte aus Aufnahmen mehrerer Monate neu zusammenzustellen, um den Fortschritt zu zeigen. Die Identifizierung bestimmter Bewegungs- und Reaktionsmuster eines Kindes ermöglicht die Auswertung konkreter Daten und Fakten. Das Studium der einzelnen Aspekte gibt ein klares Bild über den Entwicklungsfortschritt in

---

[118] Wigram, T., Saperston, B. and West, R. (Eds), (1995): The Art & Science of Music Therapy: A Handbook. Harwood Academic Publishers.
The Soundbeam Project (1997): An Introduction to Vibroacoustic Therapy. Bristol: England.
Wigram, A. & Dileo, C. (Ed) (1997): Music Vibration and Health. Jeffrey Books: New Jersey.

vorher bestimmten Bereichen. Der Arbeitsmodus der Schichtanalyse ist folgender:

- Eine Videokamera nimmt alle Klangtherapiestunden auf, was ein objektives Dokument gewährleistet.

- Von diesem "Protokollband" wird nach jedem Schulbesuch und für jedes Kind ein eigenes Band schrittweise zusammengeschnitten, das allmählich ein Gesamtbild seines Verhaltens ermöglicht.

- Nach einem Trimester sind dort die Ergebnisse aus zehn bis zwölf Sitzungen zusammengestellt. Das aufmerksame Betrachten dieses Überblicks bringt uns Einblick in sich entwickelnde Verhaltensmuster.

- Die Videoaufnahme ermöglicht die Herausnahme und neue Aneinanderreihung bestimmter Momente. Jedes Kind bekommt eine Sequenz von unterschiedlichen Klängen, die ebenso unterschiedliche Reaktionen hervorrufen können. Diese werden für jeden Klang getrennt chronologisch auf einem "Schichtband" zusammengefasst, was eine genaue Auswertung der entsprechenden Reaktionen zur Folge hat.

- Eine Auswahl solcher "Momentaufnahmen" im zeitlichen Abstand von fünf Wochen zeigt die Fortschritte am klarsten. Wir können so die Aktivität über zwei oder mehr Jahre in etwa 15 Minuten sehen.[119]

---

[119] Ausführliche Beschreibung in Ellis, P (1995): Incidental Music: A case study in the development of sound therapy, in: The British Journal of Music Education, 12, pp. 59 – 70 sowie Ellis, P. (1997): The Music of Sound: a new approach for children with severe and profound and multiple learning difficulties, in: The British Journal of Music Education, 14:2, pp. 173 - 186.

Um Fortschritt und Entwicklung klar identifizieren zu können, habe ich einige Überschriften konkretisiert, die eine Datenanalyse zur Wirkung der Klangtherapie erleichtern[120]

- von unabsichtlich zu absichtlich
- von zufällig zu gezielt
- von Desinteresse zu Interesse
- von eingeschränkt zu ausdrucksvoll
- von sinnlos zu sinnvoll
- von grob zu fein
- von probierend zu vorgedacht
- von isoliert zu integriert
- von einsam zu individuell.

Diese Punkte umschließen das Gesamtbild der Entwicklung eines jeden Individuums. Jedes Kind ist anders, und schwerbehinderte Kinder haben auf die Klangtherapie in unterschiedlicher Weise reagiert.

Fallstudien

Die seit 1994 gemachten Videoaufnahmen zeigen das physische und kognitive Entwicklungspotenzial der Klangtherapie, sogar mit SLD- und PMLD-Kindern, wie die folgenden Fallstudien zeigen.[121]

---

[120] Erstmals veröffentlicht in: Ellis, P. (1994): Special Sounds for Special Needs: Towards the Development of Sound Therapy, in: Musical Connections: Tradition and Change. ISME, pp. 201 - 206

[121] Erste Materialien dieser Fallstudien befinden sich auf der Videokassette: "Incidental Music: Sound Therapy for Children with Special Educational Needs", Soundbeam Project, 1996.

1. Malcolm

Ein überzeugendes Beispiel einer bemerkenswerten Entwicklung ist Malcolm, geboren 1986 mit Zerebralparese, Epilepsie, Hörschaden, Blindheit aufgrund einer Störung des Sehnervs sowie unkontrollierten Bewegungen der Extremitäten. Anfänglich war der Versuch, ob Malcolm positiv auf die Klangtherapie anspricht, eine echte Herausforderung. Er war zwar körperlich beweglich, hatte jedoch keine Bewegungskontrolle und zeigte kaum Reaktionen auf äußere Anregungen. Wenig ließ darauf schließen, dass er die kognitive Basis besaß, seine Spasmen mit einer Klangveränderung in Verbindung zu bringen, ja nicht einmal die Fähigkeit, auf Klang irgendwie zu reagieren. Wenn dies überhaupt möglich war, würde er seine Bewegungen kontrollieren können oder gezielt bestimmte Bewegungen einsetzen, um einen bestimmten Klang hervorzurufen und dann diese Erkenntnis bewusst einsetzen wollen?

Malcolm besucht die Klangtherapie seit 1994. Von der ersten Stunde an, zu der er in einem aufgeregten Gemütszustand erschien (was immer noch hin und wieder der Fall ist), können wir häufig eine Veränderung bemerken von heftigen Spasmen zu feineren und besser kontrollierten Bewegungen, die weicher und seltener sind und im Laufe des ersten Jahres langsam besser werden.

Im Oktober 1995 zeigt Malcolm zum ersten Mal ein wunderbares Lächeln. Bis zu diesem Zeitpunkt hatte sein zwar nicht ausdrucksloses Gesicht keine innere Anteilnahme oder Freude gezeigt. Ab diesem Zeitpunkt drücken sich positive Gefühle und Freude immer häufiger in seinem Gesicht aus. Er lächelt, sein Gesicht strahlt und durch Anheben der Augenbrauen zeigt er seine Reaktion und positive Einstellung.

Im März 1996 beginnt er zu vokalisieren (nahezu singen), während er den Soundbeam "spielt", ein sich später häufig wiederholendes Phänomen. Meist kommt er aufgeregt in den Klangtherapieraum, beruhigt sich jedoch fast immer, wirkt gedankenversunken und ist zu einer wirklichen Bewegungskontrolle fähig. Er reagiert meist positiv und freudig, und manchmal scheint er zu denken, den Blick zur Decke gerichtet, bevor er zu einer Bewegung ansetzt.

Berichte seiner Lehrer und Betreuer zeigen, dass er die Außenwelt stärker wahrnimmt, und manchmal lächelt er und richtet sich in seinem Rollstuhl auf, wenn eine bestimmte Musik ertönt. Auch seine Selbstwahrnehmung hat sich erheblich verbessert, er ist kommunikativer und kann sich besser ausdrücken.

Neuerdings hat er große Fortschritte gemacht auf dem Soundbed, was die Arbeit der ersten vier Jahre ergänzt und verstärkt.

Der Direktor bemerkt die enormen Anfangsschwierigkeiten, einen Zugang zu Malcolm zu finden. Er will keinen Kontakt mit Menschen, und Versuche der Annäherung oder Interaktion lehnt er meist heftig ab. Manchmal sieht man ihn lächeln, aber die Aufnahmen seiner Soundbeam Aktivitäten erscheinen dem Direktor "einfach wunderbar". Die Reaktionen haben sich stetig weiterentwickelt, und heute sitzt er oft aufrecht statt zusammengesunken und ist generell aufmerksamer. Klarer Fortschritt und wachsende Erfahrungsqualität sind festzustellen.

Die zweite Fallstudie betrifft eine 89jährige Frau, die sehr schwerhörig ist, kommunikationsscheu und manchmal mürrisch, und seit einem Schlaganfall ihre linke Körperhälfte, insbesondere den linken Arm und die Hand, nicht benutzen will. Wir können eine deutliche Veränderung in verschiedenen Bereichen während der 30 Wochen dauernden Behandlung feststellen, die über den unmittelbaren Effekt der Klangtherapie hinausgeht.

Klang als ästhetische Schwingung

Seit September 1997 werden Aspekte der Schwingungstherapie in die Klangtherapiesitzungen aufgenommen. Die Soundbox wird nun in jeder Stunde benutzt und durch die Platzierung der Rollstühle können die Kinder den Klang sowohl hörend als auch dessen Vibration fühlend aufnehmen. Durch die Lautsprecher von vorne und Klang und Schwingungen von unten sind sie von Klangstimuli umgeben. Dieses Zusammenwirken von taktiler und auditiver Stimulierung ist ein wichtiger Teil der Therapie, der auf besondere Weise den Kontakt zwischen Kind und Therapeuten vertieft.

Das Soundbed spielt im Leben mancher der Kinder eine immer wichtigere Rolle. Es wird immer deutlicher, dass eine kontinuierliche Arbeit damit die Selbstwahrnehmung und Erfahrungsqualität einzelner Kinder beträchtlich erhöht. Es wird interessant sein, den Langzeiteffekt sowie Transfermöglichkeiten zu beobachten, was in einigen Fällen der Klangtherapie bereits möglich war.

Ein Soundchair ist besonders in der Seniorenarbeit wichtig, da er zusätzliche taktile Anregungen zur Anwendung des Sound Processors oder Soundbeams gibt. In der Schlussphase einer Sitzung mit alten Menschen spielt die Entspannung eine wichtige Rolle, und der Klangstuhl trägt wesentlich zu einer tieferen Entspannung und zu seelischem Wohlbefinden bei.

Ergebnisse

Bei einigen SLD- und PMLD-Kindern habe ich die Klangtherapie über mehr als fünf Jahre hinweg angewandt und in einigen Fällen wird diese Arbeit noch fortgesetzt. Dabei befinden sich Krankheiten wie die Legh's Disease, das Cornelia de Lange Syndrom, Epilepsie, Autismus, schwerer Entwicklungsrückstand und unterschiedliche Grade von Zerebralparese, zum Teil auch in kombinierter Form.

Alle beteiligten Kinder sind Einzelfälle und entwickeln sich in unterschiedlicher Weise - je nach individuellen Möglichkeiten und Behinderungen. Man kann jedoch einige allgemeine Beobachtungen anstellen, nämlich dass die Kinder

*   Klang zuhören und gestalten

*   oft "ästhetische Resonanz" zeigen durch sprechenden Gesichtsausdruck und verbesserte Bewegungskontrolle

*   aktiv und für längere Zeit beteiligt sind

*   eine sonst nicht vorhandene Konzentrationsfähigkeit zeigen

*   ihre eigenen Gefühle entdecken und ausdrücken

*   bedeutungsvolle Bewegungen und Gesten machen, die vorher nicht bzw. nicht in unabhängiger Weise vorhanden waren

*   mehr und aktiver mit ihrer Umwelt in Kontakt treten.

Zudem konnte eine Veränderung im generellen Benehmen außerhalb der Klangtherapie festgestellt werden. Einige Kinder sind jetzt selbstbewusster und treten mit ihrem Umfeld in Kontakt, was ihre soziale Kompetenz stärkt. Andere wieder sind toleranter und bewusster im Kontakt mit anderen Menschen, was zu einer stärkeren Selbstkontrolle und persönlichem Kontakt führt.

Bei älteren Menschen sind ähnliche Beobachtungen zu machen, und zusammenfassend kann man zu den Effekten der Sound-Therapie hier sagen, dass sie folgendes bewirkt:

*   eine verbesserte verbale Kommunikation

*   eine Steigerung der Hörfähigkeit, gelegentlich über die unmittelbare Phase der Klangtherapie hinaus

*   höher entwickelte Zuhörbereitschaft

*   qualitative und quantitative Verbesserung des Augenkontaktes

*   verbesserte Bewegungsqualität

*   mehr Möglichkeiten zum eigenen Ausprobieren und Entscheiden

*   einen Zustand von tiefer Entspannung und Freude

*   Möglichkeiten zur Besinnung und angenehme Erinnerungen

*   allgemeines körperliches und seelisches Wohlbefinden

*   Energieschöpfen und Motivation

*   Stärkung des Selbstbewusstseins

*   Lächeln, Freude und positive Lebensanschauung, die sich auf andere Erfahrungsbereiche ausdehnt.

Es scheint klar, dass die Klangtherapie einen wichtigen Beitrag leistet zur Verbesserung der Erfahrungsqualität - sowohl bei Kindern als auch bei älteren Menschen mit unterschiedlichen Behinderungen. Videoaufnahmen und Analysen zeigen wertvolle Erfahrungen und bedeutende Entwicklungen für Menschen mit diversen Problemen. Echte Freude und Beteiligung, Entwicklung der körperlichen und geistigen Kontrolle, Selbstbewusstsein, Selbsterfahrung und Kommunikationsfähigkeit sind eindeutig Elemente für eine verbesserte Lebensqualität. Ich beabsichtige, diese Forschung mit Kindern und Senioren auf einer breiteren Basis fortzuführen. Das Ergebnis wird sein, dass mehr Menschen, einschließlich der Lehrer und Betreuer der Behinderten, von der verbesserten Lebensqualität profitieren, ihre eigenen Fähigkeiten ausbauen, Sozialkontakte verbessern, ästhetische Reaktion entwickeln sowie ein erhöhtes Selbstbewusstsein, die Grundlage aller tiefen menschlichen Erfahrung.

Literatur

Blacking, J. (1995): Music, Culture and Experience, (Ed. R. Byron). University of Chicago Press.

Ellis, P (1989): Touching Sound - Connections on a Creative Spiral, in: The International Journal of Education and Computing. Volume 5, Nos 1,2; Elsevier: 127-132.

Ellis, P. (1993): Resonances of the Future: A Contemplative Computer: Aspects of a Sound Education, in: Starkings, D. (Ed.): Religion and the Arts in Education: Dimensions of Spirituality. Hodder and Stoughton. Sevenoaks, UK, pp. 106 – 117.

Ellis, P. Ellis, P (1994): Special Sounds for Special Needs: Towards the Development of Sound Therapy, in: Musical Connections: Tradition and Change. ISME, pp. 201 – 206.

Ellis, P (1995): Incidental Music: A case study in the development of sound therapy, in: The British Journal of Music Education, 12, pp. 59 – 70.

Ellis, P. (1997): The Music of Sound: a new approach for children with severe and profound and multiple learning difficulties, in: The British Journal of Music Education, 14:2, pp. 173 - 186.

Ellis, P. & Dowsett, R. (1997): 'Microelectronics in Special Education', in: The British Journal of Music Education, 4, 1, 17-23.

Greer, S. (1994): Psycho-oncology: its aims, achievements and future tasks, in: Psycho-oncology, Volume 3, pp. 87 - 101.

Hamel, P. M. (1967): Through Music to the Self. Wiltshire: The Compton Press.

Izard, C. (1977): Human Emotions. New York: Plenum Press.

Luria, A. R. (1973): The Working Brain. An Introduction to Neuropsychology. Harmondsworth: Penguin Books Ltd.

McClellan, R. (1991): The Healing Forces of Music: History, Theory and Practice. Dorset: Element.

Sacks, O. (1973): Awakenings. London: Pan Books Ltd.

Sacks, O. (1986): The Man Who Mistook His Wife for a Hat. Reading: Pan Books Ltd.

Soundbeam (UK): Edward Williams, 10 Cornwallis Crescent, Bristol BS8 4PL. Fax 0117 974 2039 (Videokassette: Incidental Music: Sound Therapy for Children with Special Educational Needs, Soundbeam Project, 1996)

The Soundbeam Project (1997): An Introduction to Vibroacoustic Therapy. Bristol: England.

Storr, A. (1992): Music and the Mind. London: Harper Collins.

Swanwick, K. (1988): Music, Mind and Education. Routledge: London.

Watkins, A. (1997): Mind-Body Medicine: a clinician's guide to psycho-neuro-immunology. Churchill Livingstone: New York.

Wigram, T., Saperston, B. and West, R. (Eds), (1995): The Art & Science of Music Therapy: A Handbook. Harwood Academic Publishers.

Wigram, A. & Dileo, C. (Ed) (1997): Music Vibration and Health. Jeffrey Books: New Jersey.

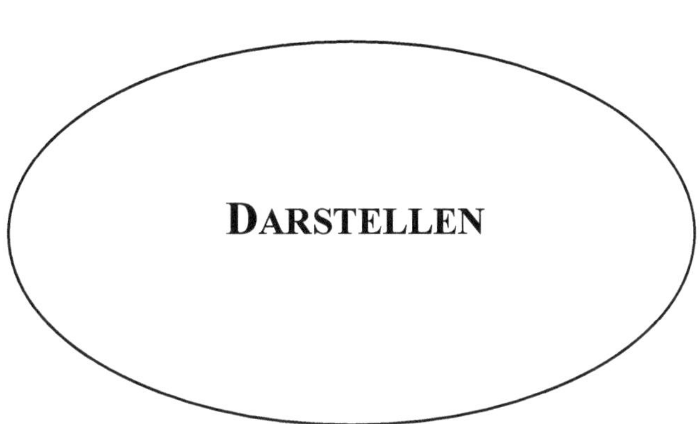
DARSTELLEN

Elementares Musiktheater als integrative und integrierende Spielform der Musik- und Bewegungserziehung

Manuela und Michel Widmer

I. Grundsätzliche Überlegungen

Manuela Widmer

Wilhelm Keller, mein Vater und Lehrer, hat mich schon früh auf eine Spur gebracht[122], die ich nun schon seit Jahren mit stetig anwachsender Überzeugung und immer konsequenter verfolge. Was ich hier darstelle, wäre ohne ihn als Vordenker, Vorbild und Vorspieler nicht möglich. Seine jahrzehntelange Arbeit mit behinderten Menschen auf der einen Seite und nichtbehinderten Kindern in Volksschulen andererseits haben ihm klar gemacht, dass alle Menschen gleichermaßen Anspruch auf vielseitige musikalische Förderung haben sollten – und am besten gemeinsam, im Austausch ihrer Möglichkeiten und nicht getrennt, voneinander isoliert. 1988 hatte er endlich die Möglichkeit, seine Visionen von einer integrativen Zusammenarbeit von unterschiedlichsten Menschen bei einem Spielprojekt unter Beweis zu stellen. In München hatte das Musiktheaterprojekt „König Hupf" im Rahmen der Biennale für Neues Musiktheater seine Uraufführung[123]. Es war das erste und letzte Mal, dass Wilhelm Keller persönlich ein solches Projekt geleitet hat. Meine Schwester und ich assistierten ihm in dieser Woche und ich nahm den Ball auf, spielte ihn auch noch meinem Mann Michel Widmer zu – und seitdem spielen wir und arbeiten daran, die Möglichkeiten des Elementaren Musiktheaters als integrative und integrierende Spielform der Musik- und Bewegungserziehung weiter bekannt zu machen.

---

[122] Keller, Wilhelm: Mini spectacula (Ludi musici 4), Boppard/Rhein (Fidula) 1975

[123] Keller, Wilhelm: Elementares Musiktheater als Minispectaculum und Spielfall einer offenen Gesellschaft. In: Henze, Hans Werner (Hrsg.): Almanach zur 1. Münchener Biennale Neues Musiktheater. München/Wien (Hanser Verlag) 1988, S.177 ff.

Integrativ und integrierend

Das *Elementare Musiktheater* als **integrative** Spielform meint das Zusammenwirken von Musik, Sprache, Bewegung, Tanz und bildnerischem Gestalten im darstellenden Spiel.

Das *Elementare Musiktheater* als **integrierende** Spielform meint das Zusammenspielen von Menschen, die ganz verschiedene Fähigkeiten, Bedürfnisse, Behinderungen oder Begabungen haben.

Als Erzieher und Lehrer müssen wir uns in jedem Fall immer wieder von neuem fragen: wie können wir mit unserem Spielangebot diesen individuellen Bedürfnissen – den „special needs" - gerecht werden:

- wie können wir noch verborgene schöpferische Kräfte wecken?,
- wie können wir offensichtlich hervordrängende Aktivitäten fördern?,
- wie können wir den Mutlosen Mut machen und die Verschlossenen öffnen?

Der Grundgedanke des Orff-Schulwerks betont die enge Verwandtschaft von Musik, Sprache und Bewegung und gibt der Improvisation und der Komposition vor der Reproduktion und der Rezeption von Musik und Tanz den Vorzug.

Das *Elementare Musiktheater* ist ein künstlerisches Arbeitsfeld. Hier darf nicht von normierten Zielen und Inhalten für alle Kinder gleichermaßen ausgegangen werden. So wie man in der bildnerischen Erziehung zunehmend vom Arbeiten mit Schablonen Abstand nimmt und die Individualität der Kinder beim Basteln, Malen und Werken stärker berücksichtigt, so sollten auch im Bereich einer kreativen Elementaren Musik- und Tanzerziehung die einzelnen Kinder mit ihren Möglichkeiten und Wünschen im Vordergrund stehen. Auch zeigen alle Menschen, auch wenn sie dasselbe Lebensalter haben, sehr unterschiedliche Neigungen, Fähig- und Fertigkeiten in musikalischer, tänzerischer und darstellerischer Hinsicht.

Homogene Gruppen gibt es nicht! Die pädagogische Zukunft liegt in der Auflösung aller bestehenden Ghettos zugunsten vielseitig gemischter Gruppen, wo behinderte und hochbegabte, alte und junge, weibliche und männliche Menschen verschiedener Nationalitäten voneinander lernen und miteinander gestalten können und die „Macht" und der Einfluss eines Lehrers oder Leiters aufgehoben und ersetzt werden durch den Auftrag, ein Berater, ein Animateur, ein Helfer, ein Beschützer, ein Freund und ein Mitspieler für alle Gruppenmitglieder zu sein.

Wilhelm Keller definiert das Elementare als eine ursprüngliche, zentrale schöpferische Kraft, die in jedem Menschen zu finden ist. Diese gilt es zu wecken und als Lehrer mit unermüdlicher Geduld und viel Phantasie immer wieder Impulse zu setzen. Material dafür bieten uns alle Kunstformen, wie Musik, Tanz, bildnerisches Gestalten und die theatralische Darstellung.

Zu viel Freiheit macht Angst

Es ist nicht sehr hilfreich oder zielführend, Teilnehmern – ob groß oder klein – im Rahmen von kreativen Spielsituationen zuzurufen: „Fühlt euch ganz frei, alles ist erlaubt, macht, was ihr wollt!" ALLES ist hier zu viel. Ein solches Angebot macht unsicher und oftmals Angst, kann zum Rückzug oder Ausbruch exaltierter Albernheiten führen und befriedigt keinen der Beteiligten, sondern wirft alle im Arbeitsprozess zurück. Es muss in der pädagogisch-künstlerischen Praxis um das Angebot von kreativen Rahmenbedingungen gehen, die einerseits das große und (nicht nur) für Kinder und Laien unüberschaubare inhaltliche Feld der Musik- und Bewegungserziehung sinnvoll begrenzt, aber andererseits die Vielzahl individueller Bedürfnisse und Fähig- und Fertigkeiten nicht über Gebühr beschneidet oder kanalisiert. Diese Gratwanderung ist die wahre didaktische Leistung, die ohne ein gerüttelt Maß von Phantasie nicht zufriedenstellend verwirklichbar ist.

Der MUWOTA-Baum (vgl. Abbildung 1)

bildet einen Versuch, die Vielfalt und die Möglichkeiten des Elementaren Musiktheaters grafisch darzustellen und – dem Bild des Baumes angemessen[124] – über Wurzeln, Äste und Früchte nachzudenken.

- *Die Wurzeln* kann man vergleichen mit methodischen Ansätzen, wie z.B. dem Vorgang des Stilisierens, Charakterisierens und Rhythmisierens, aber auch mit bestimmten grundsätzlichen Einstellungen, wie z.B. dem Individualisieren und dem Integrieren. Darüber hinaus werden Techniken angesprochen, wie das Komponieren, das Arrangieren und das Formen, alles Fähigkeiten, die oftmals in den Händen des Leiters liegen werden und daher von mir hier den Wurzeln des Spiels zugeordnet wurden.

- *Die Äste* des Baumes stehen für die vielseitigen Ausdruckmöglichkeiten und Inhaltsfelder. Hier wird es ganz nach Wunsch der Gruppe und ihres Leiters jeweils Schwerpunktsetzungen geben. Immer aber ist auf eine gewisse Ausgewogenheit der musikalisch-tänzerisch-sprachlichen Mittel zu achten, um allen Beteiligten breite Auswahlmöglichkeiten zu bieten.

- *Die Früchte* weisen auf die äußerst wertvollen „Nebenprodukte“, die wir alle so sehr hoffen, mit unserer Arbeit zu erreichen... Selbständigkeit, Verantwortungsgefühl, Solidarität, soziale Sensibilität, Toleranz, aber auch Entwicklung von persönlichem Ausdruck, Stärkung des Selbstwertgefühls und Konzentrationsfähigkeit.

- Wenn wir im Bild des Baumes bleiben, können wir uns den Zusammenhang zwischen Früchten und Wurzeln auch als einen natürlichen Kreislauf vorstellen: fallen die Früchte vom Baum, gehen ihre Wirkstoffe in die Erde und beleben die Wurzeln!

---

[124] „Auch die Schall- und Sprachspiele (Ludi musici Band 2 und 3 – *wie auch die Spiellieder des Band 1, die Verf.*) sind als Blätter, Zweige und Äste vom Baum des MUWOTA-Spiels zu betrachten (...)“ (in: Keller: Mini spectacula, Boppard/Rhein 1975, S.4)

MUsik – WOrt – TAnz – im Elementaren Musiktheater

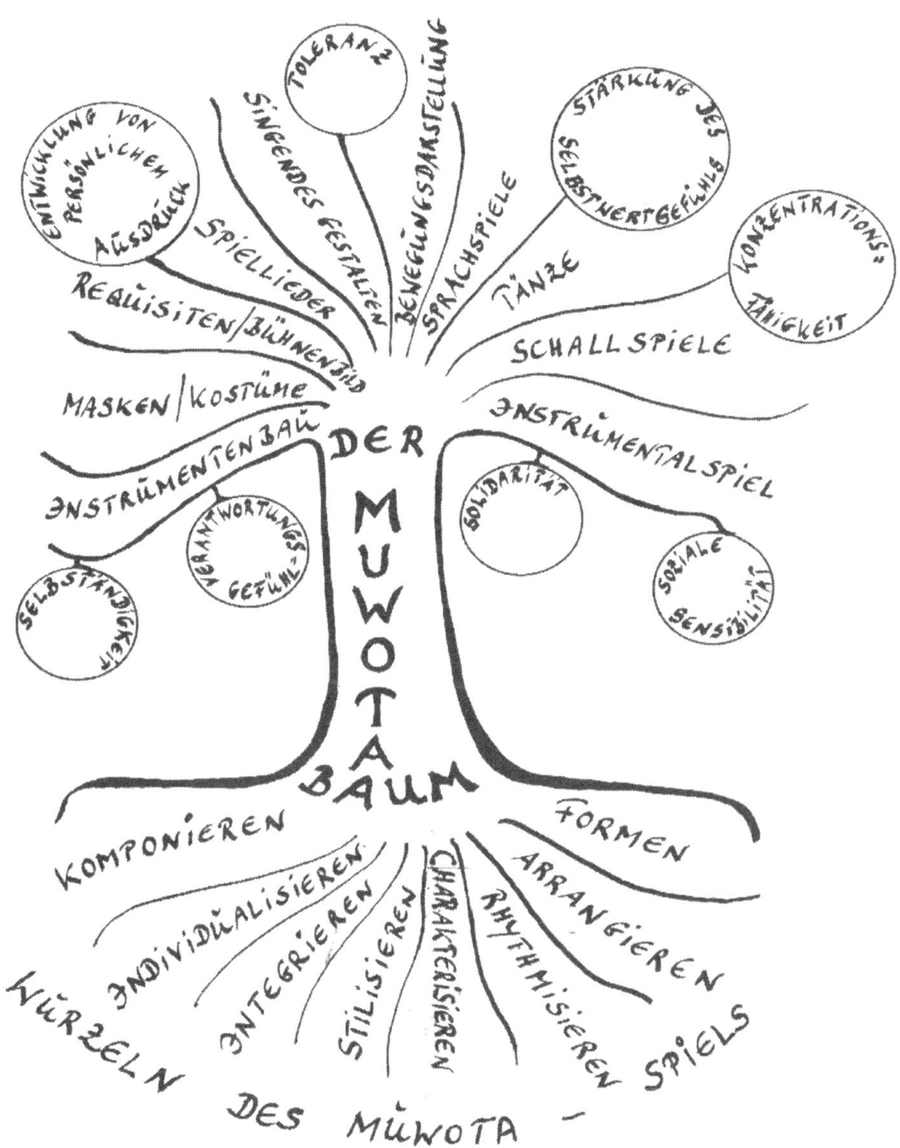

Abbildung 1: Der MuWoTa-Baum - Manuela Widmer nach Wilhelm Keller

II.   Elementare Musik- und Bewegungserziehung in der Sozialpädagogik

Michel Widmer

Ich möchte Ihnen meinen ganz persönlichen Zugang zur elementaren Musik- und Bewegungserziehung kurz vorstellen.

Schon während meines Studiums der Sozialpädagogik kristallisierte sich mein besonderes Interesse an Musik und Theater als Begegnungs- und Spielraum für die Arbeit mit Gruppen heraus. Ich war auf der Suche nach einem lebendigen und spannenden Arbeitsfeld, das auch für die Zielgruppen Kinder, Jugendliche und behinderte Menschen interessant, einladend und animierend zugleich ist.

Auf der Suche nach Antworten für meine pädagogischen Fragen, und lange bevor ich meine Frau Manuela kennenlernte, entdeckte ich die elementare Musik- und Bewegungserziehung.

Zu Beginn experimentierte ich mit Materialien und Spielideen aus Publikationen von Keller, Haselbach und anderen. Ich war unter sozialpädagogischen Gesichtspunkten auf der Suche nach identitätsstiftenden, handlungsorientierten und auch das soziale Verhalten fördernden Spielmodellen. Dabei sollten die Beziehungen zwischen dem Pädagogen und den Teilnehmern partnerschaftlich gestaltet werden, denn sozialpädagogische Gruppenarbeit lässt sich am besten durch Motivation zu freiwilliger Teilnahme verwirklichen.

In der Reflexion meiner Erfahrungen und der weiteren Auseinandersetzung mit der elementaren Musik- und Bewegungserziehung wurde mir das ihr innewohnende Grundsätzliche und Charakteristische und auch das Verbindende zur sozialpädagogischen Arbeitssituation klar. In elementaren Prozessen steckt ein hoher Erlebnisanteil, denn das Erlebnis einer schöpferischen Situation, in der immer wieder Neues entsteht, unterschiedlich je nach Teilnehmer und Situation, ist spannend, macht neugierig und motiviert zum Mittun.

Dabei hat der Leiter die Aufgabe, sich als Mitspielender und aufmerksamer Beobachter einzubringen. Er entwickelt seine Angebote aus den Bedürfnissen und Ideen sowie Beiträgen seiner Teilnehmer. Der Leiter sollte in der Lage sein, Spielräume aufzubauen, in denen sich die Mitspielenden als Handelnde und sich Entwickelnde erleben können.

Wilhelm Keller sagte schon 1958 sehr treffend: „Der Mensch bewegt sich nur dort frei und ungehemmt, wo er sich sicher und „zu Hause" fühlt, er spielt nur dort, wo er das Spielzeug und die Spielregeln kennt (...). Es gilt also, den jedem Spieler und seinen Fertigkeiten angemessenen Spielraum festzustellen und abzustecken."[125]

Gerade die Sichtweise von Wilhelm Keller, jedem Teilnehmer seinen individuellen Raum und seine individuelle Förderung zukommen zu lassen, hat meine Arbeit stark beeinflusst und mich erfüllt es mit Freude, diese pädagogische Grundeinstellung und auch meine Erfahrungen als Theatermacher im Bereich Kinder- und Familientheater immer wieder aufs Neue in meine Arbeit und die gemeinsame Arbeit mit meiner Frau Manuela einbringen zu können.

III.   Familienwochen zum Elementaren Musiktheater

Manuela und Michel Widmer

In der Nachfolge der Minispectacula-Veranstaltung bei der „Biennale für Neues Musiktheater" in München 1988 führte Manuela Widmer gemeinsam mit Schwester Judith Keller und mit Michel Widmer - von 1989 bis 1992 als Familienteam - Familienkurse zum Elementaren Musiktheater für die Volkshochschule München im Haus Buchenried am Starnberger See durch. Dieses Haus ist behindertenfreundlich ausgebaut und bot so gute Möglichkeiten für die integrative Arbeit mit Familiengruppen mit behinderten Mitgliedern. Dabei konnte ein Elternteil oder ein Kind behindert sein. Es nahmen auch allein erziehende Mütter mit Kindern und familienähnliche Gruppierungen wie z.B. Behinderte mit betreuendem Zivildienstleistenden sowie erwachsene und jugendliche Einzelpersonen am Kurs teil; insgesamt waren es etwa 40 Personen.

---

[125] in: Die Hausmusik 1958, zitiert nach Oberborbeck, Eine Sammlung von Artikeln über C. Orff, sein Werk und das Orff-Schulwerk, Hannover 1975 (unveröffentlicht).

Im Gegensatz zum sonstigen Familienalltag, der oft von vielfältigen Sorgen rund um die Entwicklung der Kinder geprägt ist, erleben Eltern ihre Kinder und Kinder ihre Eltern in den Spielsituationen während der Seminarwoche einmal ganz anders. Sie sind einerseits zusammen und können sich andererseits auch einmal voneinander unabhängig mit Gleichaltrigen austauschen und vergnügen.

Eltern und Kinder lernen voneinander und bereichern sich gegenseitig:

- die Erwachsenen erfahren die unbekümmerte und intuitive Spielfreude, Bewegungslust und Phantasietätigkeit der Kinder;

- die Kinder beobachten die ausdauernde, ordnende und koordinierende Kraft der Erwachsenen.

Zu den Grundprinzipien der integrativen Arbeit mit dem Elementaren Musiktheater gehören:

- Gemeinsame Aktivitäten (z.B. ein Lied zur Einleitung, ein instrumentales Zwischenspiel, ein Abschlusstanz) wechseln ab mit Aufgaben für Kleingruppen und für Einzelne.

- Die Ausgewogenheit zwischen Singen und Sprechen, dem Spiel auf Instrumenten und der Darstellung durch Bewegung und Tanz wird angestrebt und schafft so die Basis für viele verschiedene Rollen und Aufgaben. So entstehen Begegnungs- und Entfaltungsräume, die die Mitplanung und Mitgestaltung der Teilnehmer geradezu herausfordern.

- Die Spielsituationen ermöglichen Tätigkeiten und Aufgaben für alle beteiligten Personen, für kleine und große, für behinderte und begabte Menschen.

- Die geeignete Rolle und Aufgabe für jeden Teilnehmer kann sich durch Spiel und Austausch auch schon bei den Allerkleinsten entwickeln. Dies bedeutet aber, dass kein fertiges Stück mit notierten Liedern, Texten und Instrumentalstücken vorliegt, sondern dass ein geeigneter Stoff mit ensprechenden pädagogischen Hilfen gemeinsam gestaltet wird. Dies waren oft Bilderbuchgeschichten.

- Die Elemente und Gestaltungen des gesamten Spiels werden in Kleingruppen unterschiedlichster Zusammensetzung (alters- oder themenspezifisch) entwickelt. Diese Ergebnisse werden dann im Plenum vorgestellt, evtl. weiterentwickelt und in den Ablauf des gesamten Spiels eingepasst. Außerdem werden im Plenum noch Gestaltungen mit der ganzen Gruppe entwickelt.

- Die Übernahme einer Rolle / Aufgabe bewirkt, dass sich die Verantwortung für den Ablauf des Spiels mehr und mehr auf die Teilnehmer überträgt.

- Alle Auftritte und Abgänge erfolgen aus dem Kreis oder Halbkreis (vor Publikum). Auch die gerade nicht Spielenden sind so immer präsent und Teil des Spiels.

IV. Elementares Musiktheater in der Schule

Manuela Widmer

Seit vielen Jahren habe ich die Möglichkeit, musikalisch-szenische Projekte in Zusammenarbeit mit Schulen durchzuführen. Die unterschiedlichen Organisationsformen reichen vom konzentrierten Ein-Wochen-Projekt bis hin zur regelmäßigen Begleitung einer Klasse von der ersten bis zur vierten Schulstufe einmal pro Woche für jeweils eine Unterrichtsstunde.

Auf einem Fortbildungskurs für Sonder- und Heilpädagogen traf ich eine Kollegin aus Esslingen. Besonders interessiert zeigte sie sich an meinen Berichten, Musiktheaterprojekte mit integrativen Gruppen durchzuführen und nur wenige Wochen nach dem Kurs meldete sie sich bei mir und berichtete von einem Projekt, das sie plane, bei dem die Kinder aus ihrer Sonderschule mit Kindern benachbarter Grundschulen im gemeinsamen Spiel während einer Projektwoche zusammentreffen sollten. Nachdem die Projektwoche in der Sonderschule eine fixe Einrichtung ist und sich auch bereits zehn Schülerinnen und Schüler aus verschiedenen Schulstufen für das Musiktheaterprojekt gemeldet hatten, versuchte die Kollegin nun, meinem Wunsch nach einer integrativen Arbeitsgruppe nach Möglichkeit zu entsprechen und schrieb mir: „Ich habe in der letzten Lehrerkonferenz deine Gedanken eingebracht, dass es schön wäre, wenn auch nichtbehinderte Kinder mitmachen könnten. Eine Kollegin hat daraufhin an der Grundschule ihrer Tochter nachgefragt und ein positives Echo erzielt. Ebenso an einer anderen Schule. Es sieht so aus, dass wir acht bis zehn Grundschulkinder aus der 2. Klasse dazu bekommen könnten". Es klappte – auf Grund dieser Privatinitiative – hervorragend. Die elf Kinder der beiden Grundschulklassen wurden von ihren Lehrern für diese Sonderaktivität einfach „beurlaubt". Die Lehrer ließen sich leicht davon überzeugen, dass die Teilnahme an einem solchen Projekt einen großen Gewinn für die Kinder darstellen würde und das Versäumnis relativ leicht nachholbar sei. Eine vorbildliche Einstellung und zur Nachahmung empfohlen!

Ein erstes gemeinsames Treffen wurde organisiert; alle begegneten sich in der Körperbehindertenschule, in deren Räumen auch die Projektwoche stattfinden sollte, zum ersten Kennenlernen. Kurz darauf erhielt ich einen „Vorstellungsbrief" mit „Personalbögen" jedes einzelnen Kindes – zumeist persönlich ausgefüllt (manchmal auch nach Diktat), inklusive eines Fotos und genauer Beschreibung der Wünsche für das Musiktheaterprojekt. Nach der gewissenhaften Auswertung aller Bögen stellte sich recht eindeutig heraus, dass die Geschichte unbedingt mit Tieren und Räubern zu tun haben sollte, und da einige Kinder sogar „Die Bremer Stadtmusikanten" als Titel nannten, war klar: wir würden uns gemeinsam auf die Reise nach Bremen machen!

Unter der tatkräftigen Hilfe sowie Mitwirkung der vier Lehrenden der Sonderschule bildeten wir mit den insgesamt elf Kindern aus den Grundschulklassen und den zehn Kindern aus den Sonderschulklassen (zwischen neun und 16 Jahren, körper-, geistig- bzw. mehrfachbehindert) eine interessante Mischung von großen und kleinen Menschen mit ganz verschiedenen Bedürfnissen, Möglichkeiten und Interessen – gerade richtig für die vielen verschiedenen Aufgaben, die es im Verlauf der Woche nun zu bewältigen galt.

Am Donnerstag um 14 Uhr fand unsere erste Aufführung für die Lehrenden und Schüler der Sonderschule statt, deren Videoaufzeichnung wir uns dann zum Abschluss dieses Tages zur Freude aller anschauten. Am Freitag folgte um 9 Uhr die zweite Aufführung für Eltern und MitschülerInnen der Grundschulkinder und anschließend das große Abschlussfest der gesamten Schule, wo auch unsere Projektgruppe die Schlussszene unseres Spiels noch einmal präsentierte.

Ein spannender Prozess war in der ganzen Woche zu beobachten. Alle Kinder, die behinderten und die nichtbehinderten, standen zunächst sichtbar unter Stress. Zu ungewohnt war die Situation für alle Beteiligten. „Versteht der nicht, was ich sage?", „Siehst du nicht, dass ich mit dem Rollstuhl hier nicht vorbeikomme, wenn du mir nicht Platz machst?", – das sind nur zwei Beispiele aus einer großen Anzahl von Situationen, die sich nur in den seltensten Fällen von den Kindern auch tatsächlich verbalisieren ließen. Alle hatten viele neue Beobachtungen und Wahrnehmungen zu verarbeiten, und den besten Weg zueinander bot das gemeinsame Thema, die gemeinsame Arbeit, die auf unkomplizierte und pragmatische Art und Weise den Kindern Handlungsspielraum genug bot, um dahinter zu kommen, dass alle in der Lage waren, etwas zu unserem Spiel beizutragen – jeder in seiner ganz persönlichen Ausdrucksform. Die zur Verfügung stehende Zeit wurde abwechslungsreich angefüllt mit dem Erfinden und Lernen eines Reiseliedes für die Tiere; mit einem Räubertanz mit Trommelbegleitung und solistischen Einlagen jedes Räubers; mit einer Nacht- und Sternenmusik und einer Wald- und Nebelmusik; mit dem Bauen von einfachen Instrumenten, Masken und Dekorationen und den Proben in Kleingruppen wie auch in der Großgruppe.

Die Schülerprojektzeitung der Sonderschule hat unter dem Titel „Eine kurzweilige Woche" folgendes zu unserer Arbeit gemeldet: „Schon die Geräusche zeigten uns den Weg zum richtigen Klassenzimmer. Überrascht waren wir über einen riesigen Stuhlkreis, sonderbar geformte Trommeln, zischende, kreisende Instrumente und viele fremde Gesichter. Frau Widmer aus Salzburg ist Gast in der Projektgruppe Musiktheater. Es waren auch elf Kinder aus verschiedenen zweiten Klassen umliegender Grundschulen zu Gast. Der Sinn der gemischten Gruppen ist es, dass die Kinder voneinander lernen, einander helfen und sich gegenseitig Dinge vormachen. Auf unsere Frage, was das Projekt genau bedeutet, antworteten die Kinder, dass sie Theater und Musik miteinander verbinden. Nach dem, was uns die Kinder mit sehr viel Begeisterung erzählt haben, denken wir auch, dass diese Woche sehr kurzweilig war."

Nach dem Besuch des Redaktionsteams der Projektzeitung, dessen sprachgewandter Wortführer ein etwa zehnjähriger Junge im Rollstuhl war, kam eines unserer Grundschulmädchen zu mir und fragte ganz erstaunt: „Wieso geht der Markus in diese Schule, der ist doch gar nicht behindert?"

Wann endlich beginnen Schulpolitiker, Eltern und Lehrer auch in Deutschland die Integration Behinderter voranzutreiben? Unsere Kinder sind längst bereit und in der Lage dazu, was mir diese Zusammenarbeit sowie die Erfahrungen, die ich seit einigen Jahren diesbezüglich in österreichischen Integrationsklassen mache, belegen können.

V.   Musik und Musiktheater in der Jugendarbeit

Michel Widmer

Nachfolgend möchte ich Ihnen einen kleinen Einblick in meine Arbeit mit Musik und Theater im Bereich der Jugendarbeit geben. Ich berichte von einem Projekt mit Auszubildenden verschiedener Nationalitäten (zur Hälfte Marokkaner und Türken, Deutsche/Spätaussiedler, und je ein Grieche, ein Mazedonier und ein Portugiese), das in einer Ausbildungswerkstatt im Rhein-Main-Gebiet zur Thematik **„Arbeitsmigration und Kulturwechsel"** stattgefunden hat.

Dort werden sozial- und lernbenachteiligte Jugendliche zu Mechanikern ausgebildet. Dabei arbeiten die Ausbilder und Sozialpädagogen eng zusammen, auch bei diesem Projekt.

- **Erste Phase:** ein Wochenseminar zur Thematik: "Auseinandersetzung mit der Herkunft der Eltern und deren Migration". Über diese Phase möchte ich im besonderen berichten, aber Ihnen in Kürze auch den Gesamtzusammenhang des Projektes aufzeigen.

- **Zweite Phase:** ein zehntägiger Bildungsurlaub, um die aktuelle Situation eines Migrationslandes (Marokko) zu erleben.

- **Dritte Phase:** ein zweites Wochenseminar unter dem Thema: „Wer bin ich und was wird von mir in Deutschland erwartet?"

Das gesamte Projekt wurde durch wöchentliche Gruppenstunden begleitet.

Wesentlich für die Durchführung des Projektes waren folgende Punkte:

- in Rüsselsheim wurde sehr stark öffentlich über die Problemgruppe der „Marokkaner" diskutiert. Hintergrund ist die „Auffälligkeit" einiger Jugendlicher. Es gibt daher auch viele Vorurteile gegenüber den marokkanischen Jugendlichen;

- viele der Auszubildenden klagen über schwere Konflikte in ihren Familien, vor allem mit den Vätern;

- auf ihre oftmals schwierige persönliche Situation „zwischen den Stühlen" reagieren viele Jugendliche mit „Verweigerung", d.h. Krankmeldung, Fehltagen und Kündigung.

Erste Phase – erste Seminarwoche

Mein theaterpädagogischer Stil ist auch durch die Theaterarbeit des Brasilianers Augusto Boal, der seit den 70er Jahren intensiv mit Unterprivilegierten in vielen Ländern Südamerikas und später auch in Europa gearbeitet hat, beeinflusst. Boal betont die Lebenssituation und die Persönlichkeit der Mitspielenden als Ausgangspunkt und Arbeitsschwerpunkt.[126]

Die Auszubildenden teilten sich nach Interesse in vier Gruppen. Eine davon war die Musiktheatergruppe, die ich leitete. Mittels Interviews mit Familienangehörigen und durch Erfahrungsaustausch, den ich durch theatralische und musikalische Spiele vertiefte, versuchten wir uns den subjektiven Schwierigkeiten und den Gefühlen der Jugend- und Elterngeneration zu nähern. In der Nachbereitung der ersten Seminarwoche wurde von allen Gruppen eine Zeitung produziert, die in Rüsselsheim verteilt wurde. Der Beitrag meiner Arbeitsgruppe bestand aus Fotos, Fotogeschichten und Texten, die dem erarbeiteten Musiktheaterstück entnommen wurden. Dieses Stück wurde allen Projektteilnehmern vorgeführt.

---

[126] Vgl. Boal, Augusto: Theater der Unterdrückten, Übungen und Spiel für Schauspieler und Nicht-Schauspieler. Frankfurt/M. 1989

Nun zur Arbeit in der Musiktheatergruppe: Alle Jugendlichen waren ohne Erfahrung im Theaterspielen und Musizieren, abgesehen vom gelegentlichen Trommeln auf Instrumenten von Verwandten oder Brüdern. Alle liebten die amerikanischen Musikstile Rap und HipHop und ganz besonders Rai, einen nordafrikanischen/arabischen populären Musikstil oder türkische Popmusik. So schlug ich ihnen vor, Interviews und die sich daraus entwickelnden Diskussionen als Grundlage für eigene Texte zu verwenden, die wir zu selbst gespielter Musik vortrugen. Das verwendete Instrumentarium bestand aus einer Bassgitarre, meiner Gitarre und Percussion aller Art, inklusive arabischer und türkischer Trommeln. Rhythmusspiele und Spiele zur Textproduktion bereiteten den Weg.

Gleichzeitig entwickelten wir aus der behandelten Thematik theatralische Elemente und Spiele. Zum Beispiel durch „Standbilder" zu bestimmten Interviewaussagen oder „Gefühlsstandbilder" zu bestimmten Begriffen wie z.B. *Heimatlos, zwischen den Stühlen, Abschiebung* usw. Aus dieser Beschäftigung mit „Statuentheater" entwickelte sich die Arbeit an kleinen Szenen, für die wir dann auch eine klangliche Atmosphäre erzeugen wollten, um den emotionalen Gehalt zu verstärken.

Hier ein Beispiel: die Spielfläche wurde in zwei gleich große Welten eingeteilt, getrennt durch eine deutliche Linie. Ein Spieler balanciert auf dieser Linie, welche die zwei kulturellen Welten (Elternkultur/ Jugendkultur in Deutschland), in denen sich der Jugendliche bewegt, voneinander trennt. Auf einer Plattform stehen zwei Stühle rechts und links von der Linie. Er probiert sich dort oder da niederzulassen und einzurichten, aber er wird immer hin und her getrieben, er findet keine Ruhe.

Dazu entwickelten wir eine Musik, die einerseits den Spieler treibt (Klangschichtung mit Metallklingern und Trommelostinati) und andererseits die Spannung und das Schwebende seines Zustandes verklanglicht (Improvisation mit Flöte, Zansa und Gitarre im pentatonischen Tonraum). Im weiteren wurde dann eine Szenenfolge aus dem Blickwinkel verschiedener Jugendlicher erarbeitet: Verwicklung in Betäubungsmitteldelikte und Schwarzarbeit führen die jugendlichen Protagonisten in Situationen von Verzweiflung, Selbstmord und Abschiebung, Geschehnisse, die in der Lebenswelt der Jugendlichen auch tatsächlich passieren und ihren Lebensweg bedrohen (z. B. Abschiebung bei nochmaliger Straffälligkeit).

Diese erste Phase war besonders wichtig, um die Gruppe auch auf die Belastungen der Reise durch Marokko vorzubereiten. Ohne gegenseitiges Kennenlernen und Unterstützen wäre eine zum Teil durch Stress, Enge und Anstrengung gekennzeichnete Reise mit öffentlichen Verkehrsmitteln durch Marokko kaum möglich gewesen.

Zweite Phase – Reise nach Marokko

Die gemeinsame Reise wurde über einen langen Zeitraum mit den Jugendlichen vorbereitet. Eine Reise durch mehrere Städte mit Kontakten in Ausbildungseinrichtungen, Jugendzentren, im Ministerium für Auslandsmarokkaner, bei Jugendrichtern und mit Besuchen bei Verwandten und Bekannten in einigen Heimatdörfern der Jugendlichen sollten einen tiefen Einblick in das Leben und die Probleme des Migrationslandes Marokko ermöglichen.

Dritte Phase – zweite Seminarwoche

In der zweiten Seminarwoche wurden weitere Informationen zu den Heimatländern erarbeitet und Erfahrungen der Reise verarbeitet. Meine Arbeitsgruppe blieb fast unverändert. Die Jugendlichen wollten diesmal verstärkt musikalisch arbeiten. Die gesamte Projektgruppe hatte sich zur Veröffentlichung einer neuen Zeitung, zur Teilnahme an einer Radiosendung „Ausländische Mitbürger" im Hessischen Rundfunk, zur Erstellung eines Videofilmes zur Marokkoreise und zur Erstellung einer Fotoausstellung „Annäherung erwünscht" entschlossen. Meine Arbeitsgruppe sollte einen musikalischen Beitrag beisteuern, der dann auch bei der Eröffnung der Fotoausstellung und in der Radiosendung vorgespielt wurde.

Foto: Gerhard Franke

Abbildung 2 : Ausländische Mitbürger – ein Foto aus dem Marokko-Projekt

Resümee:

Durch die Produkt- und Medienorientierung haben sich die Auszubildenden zu ihren Arbeitsergebnissen und zu sich selbst öffentlich bekannt. Durch die intensive Beschäftigung mit der eigenen Geschichte und durch die Selbstdarstellung in der Öffentlichkeit wurde der Aufbau eines positiven Selbstwertgefühls unterstützt und die Bereitschaft, sich mit dem Hier und Jetzt ihres Lebens zwischen zwei Kulturen auseinanderzusetzen, verstärkt.

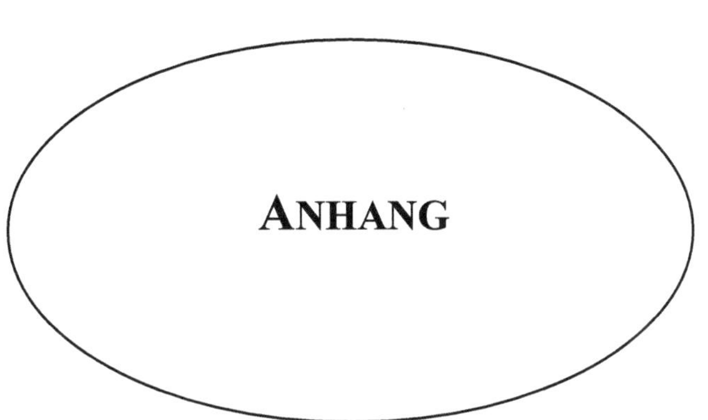

ANHANG

Im Rahmen des Symposions „Musikalische Lebenshilfe" im Oktober 2000 fanden ein Konzert und eine Lesung statt. Das Programm wollen wir an dieser Stelle, um einen kleinen Einblick in die Atmosphäre der Veranstaltung zu vermitteln, vorstellen.

Konzert und Lesung

Wort und Musik

Im Labyrinth der tausend Wirklichkeiten

Kompositionen von Hermann Regner

Texte von Catarina Carsten

Programm

Canzoni della sera per Violoncello solo

Gebranntes Kind, Erzählung

Zeitsprünge, Klavierimprovisation zu vier Händen

Mummy- oder wie man schnell gesund wird, Erzählung

Tagebuchnotizen für Englischhorn und Klavier, Uraufführung

Gedichte

Orte

Wachsenlassen

Krisis

Glück

Alle Spiele, alle Träume

Im Labyrinth der tausend Wirklichkeiten

Im Fluss

Musik für Oboe und Englischhorn,
Violoncello, Harfe und sieben Gongs.

Uraufführung

CATARINA CARSTEN (Lesung)

Das Orff-Ensemble Salzburg: FEDERICA LONGO (Oboe und Englischhorn) -

BARABARA PÖSCHL-EDRICH (Harfe) – DETLEF MIELKE (Violoncello) -

GEREON KLEINER (Klavier) – SOILI PERKIÖ

und HERMANN REGNER (Klavier und Gongs)

Vom Zuhören

Hören, wie es für den Umgang mit Musik zu verstehen ist, bedeutet nicht nur die körperliche Fähigkeit, Hörereignisse sinnlich wahrzunehmen, nicht nur, diese Wahrnehmungen in Körper und Geist zu verarbeiten und sie wirken zu lassen auf das Gemüt, sondern bedeutet vor allem: sich innerlich und äußerlich der Musik zuzuwenden. Das hängt mit Können und Wollen zusammen. Können: Zeit haben, nicht von anderen Ereignissen abgelenkt sein. Wollen: aufgeschlossen, offen sein, um etwas einzulassen, um sich auf etwas einzulassen. Hören heißt, Impulse von außen nach innen zu nehmen, etwas zu verinnerlichen.

Musikhören kann heißen: ich sitze und höre zu; es kann auch bedeuten: ich spiele oder singe, höre mich und die anderen. Erst durch die Aufmerksamkeit oder auch durch das Hinabtauchen, das Versinken in die Musik wird das Hören zu einem intensiven Erlebnis. Und weil Musik eine Sprache ist, die nicht in andere Sprachen übersetzt werden kann, weil sie nicht eindeutige, begrifflich verstehbare Inhalte äußert, wird beim Musikhören ein Bereich in uns angesprochen, der durch andere Medien nicht erreicht wird. [...]

aus: "Kannst du nicht hören? - Vom Zuhörenkönnen/ -wollen

Es gibt Musik, die ordnet und heilt. Und es gibt Musik, die stört, zerstört, krank macht. Ich würde Ihnen ja gerne sagen, zu welcher Art von Musik zum Beispiel Ihre Lieblingsmusik gehört. Das kann ich nicht! Das kann nur jeder Mensch für sich feststellen. Das ist abhängig von seiner Stimmung, seiner Verfassung, seiner Erfahrung. Musik entfaltet sich, wirkt, wird wirklich erst in der Seele, im Körper und im Geist des einzelnen Menschen. Weil kein Mensch dem anderen gleicht, muss auch Musik auf und in jedem Menschen anders aufgenommen, gespiegelt und verarbeitet werden. Es gilt, eine Fähigkeit zu entwickeln, die uns kein Beipackzettel, keine Schallplattenhülle und kein ärztliches Rezept vermitteln kann: die Fähigkeit wahrzunehmen, was uns hier und jetzt gut tut, und was uns nicht gut tut. Es bleibt Bestandteil menschlicher Freiheit, aus dieser Wahrnehmung Konsequenzen zu ziehen.

aus: Musik finden, in: Hermann Regner, *Musik lieben lernen,* Von der Bedeutung früher Begegnungen mit Musik. Anregungen für Eltern und Erzieher, Schott Musik Intern., Mainz 1998

Wer geht, bleibt in Bildern

Martin Merz

Anmerkungen zum Autor:

Martin Merz (geboren 1950, gestorben 1983) stammte aus Menziken (Schweiz, Aargau). Mit der Diagnose „Hydrocephalus" („Wasserkopf") war sein Leben geprägt von Operationen, längeren Klinikaufenthalten, Krankheiten und langen Leidenszeiten. Im Privatunterricht lernte er rasch Lesen und Schreiben und verfasste seit 1965 bis zu seinem frühen Tod hunderte von Gedichten.

Wilhelm Keller lernte Martin Merz 1974 kennen und erkannte rasch seine Sprachbegabung und Musikalität. Er ließ Martin seine eigenen Gedichte rezitieren und singen. Einige ausgewählte Ergebnisse dieser Zusammenarbeit sind auf der Schallplatte „Wenn der Mantel der Bitterkeit fällt" (Fidula Verlag, Boppard, o.J.) zu hören. Die hier folgenden Gedichte erschienen in dem Band „Zwischenland" von Martin Merz.[127]

Im Garten

Herbst.

Die Blätter der Bäume

sind abgefallen.

Wenn der Mantel der Bitterkeit

fällt

und die Fragen nach dem Tod

nicht mehr ängstlich gestellt werden,

suche ich den Weg,

der noch begehbar ist.

---

[127] Martin Merz: "Zwischenland". Gesammelte Gedichte und Prosanotizen. Verlag Lebenshilfe, Reinach 1983

Worte im Sand

Ich,

nur von rauschenden Wassern umgeben.

Die Worte der Trauer

im Sand begraben.

Die Welt

schon zurück schwebend,

da keiner sein Ende kennt.

❖

Licht

Die Kerze,

die im Dunkel leuchtet

Und die ich nie sah.

Ein Kranker

flieht aus der Angstwelt.

Er sucht

die versunkenen Spuren

seines Glücks.

Die Vögel

Sie fliegen

alle auf das

freie Land

vor unserem Dorf.

Eine große Zahl

Schwarzer Vögel.

Die Woge

Im Traum.

Ich werfe mich hinein.

Hinein in die Woge,

die mich an einen fremden

Strand spült.

Dort tanze ich

im silbernen Gewand,

eine verwelkte Blume im Haar.

Gebranntes Kind

Die Geschichte eines mehrfachen Mordes

Catarina Carsten

Er hatte alles. Autos und Eisenbahnen, Telefon und Bagger, Stabilbaukästen und Steckspiele zur Förderung der Intelligenz. Der Vater suchte das Spielzeug aus und kaufte es. Das Spielzeug für einen Jungen. Den einzigen. Er hatte keine Geschwister und war vier Jahre alt. Er spielte gehorsam mit dem Spielzeug, das der Vater ihm kaufte. Der Vater war mit der Entwicklung der Intelligenz zufrieden.

Eine Tante schenkte dem Jungen eine Puppe.

"Selbstgemacht", lächelte die Tante und fuhr dem Jungen durch die Haare.

Der Vater lächelte auch. Mitleidig.

Der Junge drückte die Puppe an sich. Sie war weich.

In seinem Zimmer betrachtete er sie lange. Ein Kasperl. Er hatte blaue gemalte Augen und einen roten gemalten Mund, groß und fröhlich. Er hatte Haare bis auf die Schultern. Haare aus gelber Wolle und einen Anzug aus rotem und grünem Samt. Auch die Zipfelmütze war aus Samt. Er konnte mit den Armen schlenkern und mit den Beinen, mit der Zipfelmütze wackeln und mit dem Kopf nicken. Alles an ihm war weich und beweglich. Der Junge nahm ihn mit ins Bett.

"Was hast du denn da?", fragte der Vater.

"Den Kasperl."

"Ein Junge, der eine Puppe mit ins Bett nimmt!"

"Er ist mein Freund", sagte der Junge, "mein Freund soll nachts bei mir bleiben."

"Unfug!" Der Vater griff nach dem Kasperl, aber der Junge hielt ihn mit einem Arm fest und legte den anderen darüber.

"Laß ihn doch", sagte die Mutter schüchtern.

Der Vater drehte das Licht aus und sagte: "Unfug!"

Der Junge spielte nur noch mit der Puppe. Er lief durch den Garten, man hörte sein Lachen, wenn er mit dem Kasperl auf den Apfelbaum stieg, dessen Äste bis auf den Rasen reichten. Der Junge schlief mittags im Gras mit dem Kasperl im Arm. Es gab kein anderes Spielzeug mehr für ihn. Er war lebhaft und ausgelassen. Der Vater betrachtete ihn argwöhnisch.

"Er blüht auf", sagte die Mutter, "sein Appetit ist auch viel besser geworden."

"Kasperl haben am Tisch nichts zu suchen", sagte der Vater, als der Junge die Puppe hinter sich auf den Stuhl setzte, "weg damit."

"Laß ihn doch", sagte die Mutter schüchtern.

Eines Morgens war die Puppe verschwunden. Es regnete. Der Junge lief durch das Haus.

"Mein Freund, mein Freund ist weg."

Die Mutter half ihm suchen. Sie suchten im ganzen Haus, im Garten. In einer Ecke des Gartens sah die Mutter eine frische Feuerstelle. Jemand hatte dort etwas verbrannt. In der Asche lagen verkohlte Gewandfetzen, roter und grüner Samt.

"Hast du ihn?" rief der Junge.

Die Mutter kehrte um und lief über den Rasen zurück.

"Nichts, gar nichts. Keine Spur von deinem Kasperl.

Wo hast du ihn denn zuletzt gehabt?"

"Im Bett. Als ich aufwachte, war er weg."

"Das kann nicht sein. Du hast ihn sicher im Garten vergessen und der Regen hat ihn aufgeweicht."

"Aufgeweicht?"

"Ja, aufgeweicht", sagte die Mutter gereizt, "und nun ist er tot. Das ist deine Schuld."

"Meine Schuld? Und nun ist er tot -?"

Der Junge schüttelte den Kopf.

"Nein, nein ..." er fing an zu weinen, "ich habe ihn nicht im Garten gelassen. Ich habe ihn mit ins Bett genommen. Ich habe ihn nicht totgemacht."

Die Mutter nahm den Jungen auf den Arm.

"Das ist doch nicht so schlimm. Du hast doch noch mehr zum Spielen."

Am Abend, als der Junge schlief, war sie nicht mehr schüchtern. Sie machte dem Vater Vorwürfe. Laut und heftig. Zum ersten Mal in ihrem Leben.

"Du und immer nur du mit deinem Spielzeug. Als ob es für dich wäre und deinen Ehrgeiz und nicht für den Jungen. Plastik und Stahl und Blech. Und ihm den Kasperl aus dem Bett nehmen, nachts, wenn er schläft, und seinen Freund in der Nacht im Garten verbrennen, heimlich, wie ein Verbrecher."

Der Vater schlug auf den Tisch und schrie:

"Weiberwirtschaft" und "Verbittemirdiesenton" und "Einfürallemal" und "Herr-imhaus" und "Keinwortmehrdavon!"

"Der Junge schläft!" schrie die Frau.

Der Junge schlief nicht.

Er stand hinter der Tür und starrte auf seine Eltern. Mit kleinen Schritten ging er zurück in sein Zimmer, stieg ins Bett und zog die Decke hoch. Mit weit offenen Augen starrte er in die Dunkelheit. Als die Mutter hereinkam, machte er die Augen zu und begann, schnell und regelmäßig zu atmen.

Der nächste Tag war ein Sonntag. Die Mutter kochte. Der Junge hockte neben dem Herd in einer Ecke. Der Vater sah herein. "Wollen wir was spielen?"

Der Junge schüttelte den Kopf, ohne aufzusehen. Auch die Mutter sah nicht auf. Sie füllte die Nachspeise in farbige Gläser.

"Dann nicht", sagte der Vater, "geh vom Herd weg, wenn du dich nicht verbrennen willst." Er lachte. "Gebranntes Kind scheut das Feuer."

Der Junge hob den Kopf und sah den Vater aufmerksam an.

Mummy - oder wie man schnell gesund wird

Catarina Carsten

In einem Kinderkrankenhaus in Amerika. In New York. Einem Krankenhaus mit fünf Abteilungen, Operationssälen, Ärzten, Schwestern, Aufenthaltsräumen, einem Kiosk, wo man Cola, Kekse, Obst und Süßigkeiten kaufen kann. Das Krankenhaus steht an einer belebten Straße, aber es hat einen Innenhof und einen kleinen Park. Hier ist es fast still. Die Kinder, die schon aufstehen können, gehen hier spazieren. Wer operiert worden ist, übt im Hof wieder das Gehen.

An diesem Tag im Dezember ist der Park leer. Es schneit und stürmt. Die Wolken jagen tief über den Himmel. Unter den Ärzten des Krankenhauses ist ein großes Rätselraten. Ein junger Assistenzarzt, der seit zwei Jahren hier arbeitet, hat eine Studie geschrieben. Es war ihm aufgefallen, daß die Kinder der Abteilung drei viel kürzer im Krankenhaus blieben als andere. Das heißt: sie wurden erstaunlich schnell wieder gesund, obwohl ihre Krankheiten bei der Einlieferung genau so schwer waren wie die anderer Kinder.

Zuerst hatte der Assistenzarzt vermutet, er hätte sich geirrt, als er den Aufenthalt der kleinen Patienten berechnet hatte. Er war der Sache nachgegangen, hatte noch einmal alles sorgfältig überprüft - es stimmte: Die Kinder der Abteilung drei verließen das Krankenhaus durchschnittlich vier Tage früher, mitunter sogar fünf bis sechs Tage früher.

Was war los? Einen Grund mußte es ja haben. Der Chefarzt, Dr. Schwartz, machte den Vorschlag, die Schwestern auszutauschen. Alles blieb beim alten. Die Kinder der Abteilung drei wurden schneller gesund. Ärzte und Schwestern bemühten sich mit besonderem Eifer um die Kinder der anderen Abteilungen. Es änderte sich nichts.

Dr. Schwartz läßt das jetzt keine Ruhe mehr. Er muß der Sache auf den Grund gehen. Er nimmt sich vor, so lange als Detektiv in seinem eigenen Krankenhaus zu arbeiten, bis er herausgefunden hat, woran es liegt, daß hier offenbar ein Wunder geschieht.

Er überlegt, ob er nach einem festen Plan vorgehen soll, beschließt aber, es nicht zu tun und auf gut Glück anzufangen.

Er sieht auf die Uhr. Es ist am Nachmittag, die Zeit, in der die Putzfrauen noch einmal die Gänge und Treppen reinigen, nachdem die letzten Besucher gegangen sind. Er sieht zum Fenster hinaus. Es schneit und schneit. Er verläßt sein Zimmer, fährt mit dem Lift in die Abteilung drei, geht langsam über den menschenleeren Gang.

Am Ende des Ganges sieht er in einer Abstellkammer eine dicke Gestalt in einem bunten Gewand, die einen Eimer abstellt und einen Putzlumpen darüberbreitet. Dr. Schwartz bleibt hinter einem hohen Gummibaum stehen und rührt sich nicht. Die Gestalt dreht ihm noch immer den Rücken zu, schließt die Tür zu dem Abstellraum. Sie macht die Tür zu einem Krankenzimmer auf und verschwindet. Der Arzt wartet eine Weile. Sie kommt nicht wieder. Was hat eine Putzfrau so lange in einem Krankenzimmer zu suchen? Der Arzt geht leise zu der Tür und öffnet sie. Jedes Krankenzimmer hat eine solche äußere Tür, die gepolstert ist und schalldämpfend wirkt. Die zweite Tür, die von dem kleinen Vorraum in das Krankenzimmer führt, ist aus Glas, so daß man das Zimmer sofort überblicken kann.

Der Arzt rührt sich nicht. Er kann sicher sein, daß man ihn nicht sehen kann, denn er steht im Dunkel. Er aber sieht alles.

Es ist ein Dreibettzimmer. In einem Bett liegt Mary, die vor vier Tagen mit einer Vergiftung eingeliefert worden war. Noch am Morgen hatte sie völlig apathisch im Bett gelegen. Jetzt sitzt die dicke Frau auf ihrem Bett und hält sie in den Armen. Ihr schwarzes Gesicht glänzt vor Eifer und Güte. Die beiden anderen Kinder, Jane und Jenny, haben sich an das Fußende von Marys Bett gesetzt. Alle drei sehen die Frau an, reden durcheinander, lachen.

"Mummy", rufen sie, "was spielst du heute mit uns?" Mummy wackelt mit dem Kopf, als müsse sie überlegen. Dann hebt sie zwei Zeigefinger ihrer dicken Hände, ohne Mary aus den Armen zu lassen. Die Kinder machen es nach. Mummy brabbelt etwas. Der Arzt kann es nicht verstehen. Sie streckt alle zehn Finger aus, versteckt die Zeigefinger wieder, bis plötzlich alle Finger verschwinden. Die Kinder lachen laut. Mummy zaubert Schattenbilder an die Wand: einen Hasen, der mit den Ohren wackelt, zwei Buben, die miteinander raufen. Die Kinder machen es nach. Während all der Zeit liegt Mary in Mummys Armen wie ein Vogel im Nest.

Der Arzt klopft an die Glastür und tritt ein. Mummy erschrickt keineswegs. Sie läßt Mary nicht aus den Armen, senkt nur ein wenig den Kopf mit dem fest geschlungenen Turban zur Begrüßung.

"Was machen Sie hier?" fragt der Arzt. Er fragt es freundlich. Mummy murmelt Unverständliches. Der Arzt starrt sie an. Sie ist sprachbehindert.

"Mummy spielt mit uns", rufen die Kinder, "jeden Tag nach der Arbeit. Sie geht auch in die anderen Zimmer. Wir haben sie lieb."

Mummy strahlt.

"Und die Schwestern?" fragt der Arzt, "und eure Eltern und Geschwister?"

"Jaja," sagt Jane, "sie sind alle sehr nett, aber sie haben wenig Zeit. Mummy hat immer Zeit."

"Deck dich besser zu", sagt der Arzt zu Jane, "vor ein paar Tagen hast du noch 40 Grad Fieber gehabt."

Jane bleibt am Fußende von Marys Bett sitzen und zieht lachend die Decke hoch.

"Das ist vorbei", sagt sie, "bald ist Weihnachten. Da bin ich wieder daheim."

Der Arzt wendet sich an Mummy: "Wie lange sind Sie schon im Haus?"

Mummy hebt drei Finger der linken Hand. Drei Jahre. Das ist genau die Zeit, in der die Kinder der Abteilung drei so erstaunlich schnell gesund geworden sind.

Der Chefarzt versammelt alle Ärzte und Schwestern des Krankenhauses und berichtet, was er erlebt hat: eine sprachbehinderte, schwarze Putzfrau, die mit den Kindern spielt.

"Das ist unglaublich", sagt ein Kollege.

"Das grenzt ans Wunderbare", sagt die Oberschwester.

"Die ist uns über", sagt der junge Assistenzarzt, der das alles ins Rollen gebracht hat. Mummy wird gefragt, ob sie nicht einmal in einer anderen Abteilung putzen würde. Sie ist gern dazu bereit. Nach ein paar Wochen ist es diese Abteilung, in der die Kinder schneller gesund werden.

Der Chefarzt macht seinen Erkundungsgang auch hier.

Wieder erlebt er, was er in ähnlicher Weise schon einmal erlebt hat: Mummy auf dem Bett eines Buben sitzend, das Kind in den Armen, Unverständliches brabbelnd, umringt von drei anderen Buben, von denen keiner mehr krank zu sein scheint. Die Kinder drehen sich um. Sie sind mitten in einem Ratespiel. Der Arzt hat das Gefühl zu stören.

Er geht auf Zehenspitzen hinaus, wartet. Nach einer halben Stunde kommt Mummy. Sie sieht zufrieden aus. Sie erschrickt nicht, deutet nur wieder diese kleine Verbeugung mit dem Kopf an. Sie trägt einen leuchtend roten Turban.

"Mummy, wie machen Sie das?" fragt der Arzt. Mummy lächelt und wiegt den Kopf. Der Arzt sieht in ihre Augen: uralte Kinderaugen.

"Wie machen Sie das?" fragt er noch einmal.

Mummy kauderwelscht. Sie strengt sich an. Sie wiederholt es, bis der Arzt versteht: "Ich liebe die Kinder."

"Alle?" fragt der Arzt.

Mummy nickt freudig: "Alle."

Als sie geht, sieht er ihr nach. Für ihr Gewicht geht sie erstaunlich leicht. Am Ende des Ganges beginnt sie sich langsam zu drehen. Die Musik dazu hört nur sie. Sie scheint zu schweben. Dazu breitet sie die Arme aus, als wolle sie die ganze Welt umarmen.

Im Labyrinth der tausend Wirklichkeiten

Wieso tausend? Das ist nur eine beliebige Zahl.
In „Wirklichkeit" gibt es mehr, weil jeder jede Wirklichkeit
als s e i n e erlebt. Wer den berühmten roten Faden
hat, kann hoffen, aus dem Labyrinth herauszufinden. Wer
ihn nicht hat, wird herumirren, jahrelang, zeitenlang,
vielleicht lebenslang. Labyrinth als Erprobung also, als
Herausforderung, als Gefahr, als Chance.[*]

Roter Faden

Im Labyrinth
der tausend Wirklichkeiten
nützt kein Scharfsinn;

nur Weisheit des Traums,
Leichtigkeit
und Fledermausklugheit[*]

---

[*] aus: Catarina Carsten, Im Labyrinth der tausend Wirklichkeiten. Gedichte. Edition Doppelpunkt, Wien 1999

Adressenverzeichnis der Autoren

Prof. Phil Ellis
School of Arts Design and Media
Bede Tower
Ryhope Road
University of Sunderland SR2 7EG
Großbritannien

Brigitte Flucher
Stierling 11a
A-5112 Lamprechtshausen

Mag. Stefan Heidweiler
Rothenfelserstr. 8
D-87561 Oberstdorf

Erich Heiligenbrunner
Maisweg 28
A-4210 Gallneukirchen

Tom Naess
Olavs vei 48
1450 Nesoddtangen
Norge/Norwegen

Prof. Dr. phil. Klaus Oberborbeck
Klingerplatz 9
D-30655 Hannover

Prof. Dr. phil. Rolf Oerter
Institut für Pädagogische Psychologie und Empirische Pädagogik
Universität München
Leopoldstr. 13
D-80802 München

Shirley Salmon
Orff-Institut
Universität Mozarteum Salzburg
Frohnburgweg 55
A-5020 Salzburg

Prof. Dr. Karin Schumacher
Hochschule der Künste Berlin
Fakultät Musik-Seminar
Musiktherapie
Mierendorffstr.30
D-10589 Berlin

Wolfgang Stange
68 Barons Court Road
London W 14 9DU
Großbritannien

Thomas Stephanides
Hofmark 73
A-6522 Goldegg

Dr. Björn Tischler
Dr. Ruth Moroder-Tischler
Eichkoppelweg 66
D-24119 Kronshagen/Kiel

Dr. Melanie Voigt
Kinderzentrum München
Heigelhofstr. 63
D-81377 München

Manuela Widmer
Michel Widmer
Orff-Institut
Universität Mozarteum Salzburg
Frohnburgweg 55
A-5020 Salzburg